Dorothea Kühl-Martini

... weiter als der *Horizont*

Portugal und seine evangelischen Frauen

D1718515

Herausgegeben von der
Arbeitsgemeinschaft der Frauenarbeit
im Gustav-Adolf-Werk e. V.

Dorothea Kühl-Martini

... weiter
als der
Horizont

Portugal und seine
evangelischen Frauen

Impressum

Herausgeber: Arbeitsgemeinschaft der Frauenarbeit
im Gustav-Adolf-Werk e. V.
Diasporawerk der Evangelischen
Kirche in Deutschland
Redaktion: Dorothea Kühl-Martini
Titelbild: Portugisische Kachel.
Foto: Dorothea Kühl-Martini
Umschlag/
Layout/Satz/Repro: satzzeichen, Leipzig
Druck: Druckerei Hennig
Markkleeberg/Wachau

© Dorothea Kühl-Martini, 2006
Hans-Sachs-Weg 3, 40699 Erkrath

Verlag des Gustav-Adolf-Werks e. V.
Pistorisstraße 6, 04229 Leipzig
ISBN 3-87593-091-6

Portugal lockt deutsche Touristinnen und Touristen in der Regel an seine herrlichen Strände, in seine malerischen Städte oder eindrucksvollen alten Klosteranlagen. Portugal ist ein katholisches Land. Dass es eine verschwindend kleine protestantische Minderheit im Land gibt, ist den wenigsten Reisenden bewusst.

Das Gustav-Adolf-Werk e. V. (GAW) als protestantisches Diasporawerk unterhält seit vielen Jahrzehnten enge und herzliche Beziehungen zu diesen kleinen Gemeinden. Dass die Frauenarbeit im GAW dabei ihren Blick in besonderer Weise auf die Frauen in diesen Kirchen richtet, ist nahe liegende Tradition. Das vorliegende Buch „Weiter als der Horizont" soll die in dieser Arbeit gewonnenen Erfahrungen und Begegnungen auch einem größeren Publikum zugänglich machen. Damit setzt es eine Buchreihe fort, die von der Arbeitsgemeinschaft der Frauenarbeit in den letzten Jahren herausgegeben wurde, und wendet nun nach Russland, Rumänien und Polen den Blick in den äußersten Westen Europas. Dieses Buch über protestantische Frauen in Portugal soll zur Horizonterweiterung beitragen und eine weithin unbekannte Wirklichkeit und Geschichte des Landes beleuchten. „Weiter als der Horizont" versteht sich als Beitrag zur Frauengeschichte, zur portugiesischen Landeskunde und Kirchengeschichte, als Reiselektüre, aber auch als Hintergrund zum Verständnis der Projektarbeit, die das GAW in Portugal leistet. So hat 1989 die Frauenarbeit in Quinta do Prado den Bau eines Altenheims unterstützt, das jetzt einer dringenden Erneuerung bedarf und zum Jahresprojekt 2006 ausgewählt worden ist. Im Kapitel über Familie Salvador werden die Leser und Leserinnen näher damit bekannt gemacht.

Unser großer Dank gilt Dorothea Kühl-Martini, die mit außerordentlicher Sachkenntnis eindrucksvolle protestantische Frauen porträtiert hat und damit das Land, in dem sie leben – Portugal.

Möge die Lektüre dieses Buches für viele zu einer echten Horizonterweiterung werden!

Vera Gast-Kellert
Vorsitzende
der Arbeitsgemeinschaft der Frauenarbeit
im Gustav-Adolf-Werk

Wir können ein gewisses Stück weit sehen. Mancher begnügt sich mit dieser für ihn sichtbaren Welt und meint, das sei alles. Die Portugiesinnen und Portugiesen haben sich nie mit diesem Teil der vollkommenen Wahrheit zufrieden gegeben. Sie setzten sich über die Ängste der Zeit hinweg, dass Schiffe hinter dem Horizont im kochenden Höllenmeer versinken würden oder über die Kante der Erdscheibe auf deren andere Seite kippen müssten. Die Reise ins Ungewisse hat sich für sie gelohnt. Portugal stieg zur ersten Weltmacht auf. Unvorstellbare Reichtümer flossen ins Land.

Auch in späteren Zeiten glaubte man an Visionen. Nicht immer gingen die Abenteuer gut aus, wie der Kreuzzug des jugendlichen Königs Sebastião. Aber der Geist der Zuversicht, der manchmal an Wundergläubigkeit grenzt, ist geblieben. Auch in den kleinen protestantischen Kirchen, die manche Krise durchlebt haben und oft kurz vor dem finanziellen Zusammenbruch standen, gilt dies. Das Kolonialreich gibt es nicht mehr, aber den Blick über den eigenen kleinen Horizont hinweg, wie wir im Folgenden sehen werden. Nach Angola, Moçambique, Cabo Verde, Macau oder Timor bestehen immer noch rege Kontakte. Das Vertrauen in Gottes Hilfe ist groß und wenn ER eines Tages nicht mehr die Kirche in ihrer jetzigen Form will – patiencia – dann wird man sich auf eine neue Form einlassen. Selbst in aussichtslos erscheinenden Situationen wird es einen Weg geben. Es gibt mehr als das, was wir sehen können.

Am Cabo da Roca, dem westlichsten Punkt des europäischen Kontinentes

Unter melodischen afrikanischen Klängen zogen sie
ein: Eunice Leite, die Kirchenpräsidentin, Idalina
Sitanela, die Synodalpredigerin, und der angolani-
sche Chor. Frauen prägten eindeutig das Bild der
Synode der Presbyteranischen Kirche Portugals im
Jahre 2005 in Lissabon. Sämtliche Bibelarbeiten
wurden von Frauen gehalten und zwar von der in
Genf lebenden Brasilianerin Marilia Schüller vom
Weltrat der Kirchen und der in Portugal arbeitenden
Deutschen Eva Michel.

Eunice Leite und Idalina Sitanella

Auch an anderer Stelle arbeiten Frauen an verant-
wortlicher Stelle in der evangelischen Kirche: Ilse
Everlien Berardo betreut die Gemeinde auf Madeira
und Hildegard Jusek unterstützt als Prädikantin,
langjähriges Mitglied des Gemeindekirchenrates
und tatkräftige Organisatorin die Pfarrer in Lissabon.

Das war keineswegs immer so. „Sie werden keine Protestantinnen in der Literatur finden, die irgendeine Rolle gespielt haben", prophezeiten mir Archivare und Landeskenner. „Über Frauen ist doch nie etwas geschrieben worden, außer über Königinnen und Heilige." Beim Durchforsten von Archiven, auch privaten, in vielen Gesprächen, bei einem Friedhofsbesuch und einer schier endlosen Korrespondenz über mehrere Kontinente hinweg entdeckten wir dann doch etliche schriftliche Spuren von Protestantinnen.

Die evangelische Kirche in Portugal ist klein, aber international. Das hängt mit der Geschichte des Landes mit seinem Blick nach Übersee und der Entstehung der reformatorischen Kirchen zusammen. Frauen kommen in den historischen Berichten wenig vor. Vielmehr ist die Geschichtsschreibung geprägt von Kreuzrittern, Seefahrern, Kaufleuten und katholischen Geistlichen. Protestanten gab und gibt es nur wenige in dem Land, das durch die vom Papst geförderte Reconquista, der Rückeroberung des Landes von den Mauren, entstand, in dem die Inquisition noch bis 1820 bestand, in dem Templer und Jesuiten bleibende Spuren hinterließen und in dem drei Hirtenkindern im kleinen Ort Fatima eine Marienerscheinung hatten.

Als die Mitarbeiter der Britischen Bibelgesellschaft zu Beginn des 19. Jahrhundert nach Portugal kamen, trafen sie auf ein Gebiet, in dem der evangelische Glaube scheinbar unbekannt war.

„Von allen europäischen Ländern ist Portugal das einzige, das niemals von der Reformation erreicht worden ist", behauptet eine Enzyklopädie. (The New Schaff-Herzog Encyclopedia of Religious Knowledge. Edited by Samuel Jackson. Art. Portugal, von Juan Orts Gonzales)

Dass dies nicht ganz zutrifft, bleibt im Nachfolgenden zu beweisen.

Portugal wurde christlich geboren. Obwohl es vom Land der Reformation geographisch weit entfernt ist, gab es seit der Gründung Portugals Beziehungen über Seefahrt und Handel. Martin Luther war noch lange nicht geboren. Dennoch ist diese Vorgeschichte zum Verständnis der späteren Entwicklung des Protestantismus in Portugal wichtig.

Es war am Himmelfahrtstag des Jahres 1147, als eine Kreuzfahrerflotte, die während des zweiten Kreuzzuges auf dem Weg nach Jerusalem war, durch einen Sturm an die portugiesische Küste verschlagen wurde und Schutz in der Douro-Mündung bei Porto suchte. Dabei befanden sich neben englischen und flämischen Schiffen auch solche vom Niederrhein mit Kreuzfahrern aus Köln und Westfalen.

Als der König davon erfuhr, beauftragte er den Bischof von Porto, die Kreuzfahrer zu überreden, an der Eroberung Lissabons teilzunehmen. Die Ritter gingen gern darauf ein. Konnten sie doch so, ohne anstrengende und gefährliche Weiterfahrt, bereits hier den Zweck ihrer Reise erfüllen, gegen die „Ungläubigen" zu kämpfen. Das Verdienst war hier nicht geringer als in Palästina, da der König klugerweise den Papst davon überzeugt hatte, den Krieg gegen die Mohammedaner in Portugal für heilig und den Kampf gegen sie dem gegen die Sarazenen im Heiligen Land für gleichwertig zu erklären. Besonders im Kampfe hervorgetan hat sich der deutsche Ritter Heinrich von Bonn, dessen Grab man noch heute in der Basilika São Vicente de Fora sehen kann.

Der christliche Bekehrungseifer wandte sich nun in weiter entfernte Gebiete. Der Geist der Kreuzzüge wandelte sich in das Unternehmen der Entdeckungen, in dem die Christusritter, die die Nachfolge der Templer angetreten hatten, eine wichtige Rolle spielten. Der jeweilige Papst bekundete seine Anerkennung durch päpstliche Bullen, von Eugen IV., Nikolaus V., Callisto III., Pius II., Sixtus IV., Innozenz VIII. bis zu Alexander VI., in denen Portugal für seine „kühnen christlichen Taten" Sonderrechte und Ablässe gewährt wurden.

Reformationszeit

In der südwestlichsten Ecke Europas gelegen, war Portugal weit entfernt von den Entstehungszentren der Reformation in Deutschland und der Schweiz. Das Königreich Portugal unterlag stärkstem Einfluss durch die katholische Kirche. Die Inquisition herrschte seit 1536 .
Während sich in Mitteleuropa die Gedanken Luthers, Zwinglis und Calvins mit Macht ausbreiteten und Glauben und Politik in hohem Maße beeinflussten, fuhren portugiesische Karavellen nach Brasilien, Afrika, Indien und zu den Gewürzinseln. Bis ins japanische Nagasaki gelangten lusitanische Seefahrer und erzählten dort den staunenden Einwohnern, diese Inseln gehörten dem portugiesischen König. Der Papst hatte einige Jahre zuvor (1494), im Vertrag von Tordesillas, die Welt in eine portugiesische und eine spanische Hälfte geteilt. Man war ihm zu Dank verpflichtet.

Die Entdeckungen und Eroberungen der vorangegangenen Jahre in Afrika, Asien und Südamerika warfen nun reichen Gewinn ab. Lissabon war d e r Welthandelsplatz, Schnittpunkt der wichtigsten Welthandelsrouten. Dem Land ging es gut wie niemals zuvor und niemals danach. Der Blick war auf das

DOM VASCO DA GAMA
1469 - 1524

DESCOBRIDOR E ALMIRANTE DO MAR DA INDIA
1º CONDE DA VIDIGUEIRA
VICE - REI DA INDIA

" ...AQUELLE ILLUSTRE GAMA
QUE PARA SI DE ENEAS TOMA A FAMA "
CAMÕES, LUS., I - 12

Vasco da Gama

Meer gerichtet. Was da ein ehemaliger Mönch namens Martin Luther verkündete, interessierte hier nicht besonders. Die Inquisition sorgte dafür, dass es so blieb.

Durch die lebhaften Handelsbeziehungen ins nördliche Europa kam es dennoch zu Berührungen mit der reformatorischen Bewegung. Portugiesische Reisende lernten die neuen Ideen in Deutschland, den Niederlanden und anderen Staaten kennen, während lutherische Kaufleute, Wissenschaftler und Handwerker die neue Lehre nach Portugal mitbrachten.

Bereits am 20. Februar 1508 wandte sich König Manuel I. in einem Schreiben an den deutschen Buchdrucker Jakob Cromberg, worin er nur solchen Buchdruckern Privilegien zubilligte, die von jedem Verdacht der Ketzerei frei seien, damit nicht durch Bücher häretische Gedanken verbreitet würden. Allerdings konnte er nicht verhindern, dass bald lutherische Schriften aus dem Ausland nach Portugal gelangten. Antwerpen spielte dabei eine wichtige Rolle als Umschlagplatz von weltlichem wie geistigem Gut. Letzteres beklagte der päpstliche Legat Aleander bereits 1519. In Antwerpen befand sich eine wichtige portugiesische Handelsniederlassung, die portugiesische Faktorei.

Aus dem Denunziantenbuch der Inquisition erfahren wir von der Beschlagnahme „lutherischer" Schriften, unter anderem bei dem Humanisten Damião de Goes und dem Dechanten von Guarda, Lucas de Horta, der dem Herzog von Aveiro Bücher von Luther, Melanchthon und Oecolampad geschickt hatte. Im Jahre 1575 erreichte der Danziger Segler „Weißes Pferd" unter seinem Kapitän Hans Meyer Lissabon. Sein Schiff wurde peinlich durchsucht. Er stand im Verdacht, verbotene Bücher in Fässern mit Zwieback versteckt zu haben, um sie nach Portugal einzuschmuggeln.

Während die Reformationszeit in den portugiesischen Geschichtswerken praktisch nicht vorkommt, nimmt die Gegenreformation breiten Raum ein. Die Inquisition war in Portugal nach spanischem Muster 1536 eingeführt worden. 1538 wurde der Bruder des Königs, der Kardinal-Erzbischof von Lissabon Dom Henrique, zum Generalinquisitor ernannt.

1540 kamen mit Simão Rodrigues, einem der ersten Gefährten des Ignatius von Loyola, die Jesuiten ins Land, welche mit Eifer und Strenge das Glaubensgericht unterstützten.

40 Jesuiten, die sich auf dem Weg nach Brasilien befanden, um dort zu missionieren, wurden 1570 bei den Kanarischen Inseln durch „Calvinistische Piraten" ins Meer geworfen und ertranken. 1854 wurden sie durch Papst Pius IX. selig gesprochen.

Beato Francisco de Magalhães

Anfangs traf es hauptsächlich die Juden. Nach ihrer Vertreibung aus Spanien waren sie in Portugal zwangsweise zum katholischen Glauben übergetreten. (Conversos oder Marranen) Dennoch waren sie oft Verfolgungen ausgesetzt. Erwähnt sei hier das Beispiel der Dona Gracia Mendes, einer reichen und mächtigen Frau, zum einen, weil es ein Bild des Lebens unter der Inquisition liefert, der auch die Protestanten ausgeliefert waren. Zum anderen, weil ihr eine Bibelübersetzung, die berühmte Ferrara-Bibel, gewidmet ist.

„Die wesenhafte Frömmigkeit Mirjams, die ihr Leben aufs Spiel setzte, um ihre Brüder zu retten, die große Umsicht Deboras, die ihr Volk anführte, die grenzenlose Tugend und große Heiligkeit Esters, die denen half, die verfolgt waren, und die vielgepriesene Stärke der äußerst keuschen und großmütigen Judith." So lautet die Lobrede auf Dona Gracia in Samuel Usques „Trost für die Stämme Israels", 1553. Gracia wurde 1510 in Portugal geboren und erhielt den christlichen Namen Beatrice de Luna. Als Marranin wuchs sie in einer nach außen hin katholischen Familie auf, die sich heimlich an den jüdischen Glauben ihrer Vorfahren hielt. Nachdem 1536 die Inquisition offiziell in Portugal eingeführt worden war, lebte Familie Mendes in ständiger Angst, auf dem Scheiterhaufen verbrannt zu werden. Sie heiratet Francisco Mendes, ebenfalls Marrane, der sein ungeheures Vermögen im Handel mit den neu entdeckten Gebieten in Übersee erworben hat. Die Mendes-Brüder handeln mit Silber und Gewürzen und es gelingt ihnen sogar, dem portugiesischen König João das Pfeffermonopol abzukaufen. Als Gracia im Alter von 26 Jahren verwitwet, flieht sie, die als Erbin des riesigen Handelsimperiums der Mendes von der Inquisition bedroht ist, auf abenteuerlichen Wegen von Lissabon nach Antwerpen und baut dort eine Untergrundorganisation mit Agenten in England, Frankreich, Flandern und Deutschland auf, um von der Inquisition bedrohten Menschen in Portugal zu helfen. Ihre Odyssee geht weiter, weil sie auch in Antwerpen von der Inquisition bedroht wird. In Ferrara findet sie eine zeit lang Heimat und unterstützt die Übersetzung der Bibel in die Sprache der Conversos, die ihr gewidmet wird. Schließlich kauft sie vom Sultan Suleiman dem Prächtigen die Stadt Tiberias, um dort den Füchtlingen eine neue Heimat im Land ihrer Mütter und Väter zu geben.

Bald kamen auch die Protestanten in den Blickwinkel der Inquisition und Deutsche, Flamen, Engländer und Franzosen verschwanden in den Verliesen der Inquisition. 1562 wurden 30 Hugenotten verhaftet. Einer von ihnen, der Koch des französischen Botschafters, wurde lebendig verbrannt.

Unter den Verdacht lutherischer Ketzerei gerieten auch hoch stehende und bedeutende Persönlichkeiten, wie der Direktor des Lissabonner Staatsarchivs Fernão de Pina (1546 verhaftet) oder der in vieler Hinsicht begabte Fernão de Oliveira. Letzterer war Dominikaner, schrieb ein grundlegendes Werk über Schiffsbau, eine portugiesische Grammatik und eine Abhandlung über die Seekriegskunst. Er geriet auf Reisen in Gefangenschaft von Engländern und Türken, hatte Kontakt zu bekannten Zeitgenossen wie König Heinrich VIII. von England. Er wanderte für Jahre ins Gefängnis.

Ebenso der bekannte Historiker und Humanist Damião de Goes, der zeitweilig zu lutherischen Ansichten neigte. Er lernte die Reformatoren auf seinen diplomatischen und geschäftlichen Reisen persönlich kennen. Er ist aber wohl mehr als Anhänger des Erasmus von Rotterdam zu sehen denn als Lutheraner. Nach seiner Rückkehr von seinen Auslandsaufenthalten wurde Goes Erzieher der königlichen Prinzen, bald jedoch vom Jesuiten Simão Rodrigues denunziert, der ihn aus Padua kannte.

Selbst an der altehrwürdigen Universität von Coimbra, unter Manuel dem Glücklichen eine der bedeutendsten Stätten der Wissenschaft in Europa, machte sich der protestantische Einfluss bemerkbar. 1550 wurde der Dichter Diogo de Teive, der Professor an der Universität war, verhaftet und der Hinneigung zum Luthertum angeklagt. Er hatte sich dagegen gewandt, dass schon Kinder zu Mönchen bestimmt würden, da sie es später womöglich bereuten. Auch konnte er Beziehungen zu Lutheranern nicht leugnen. Er hatte Glück. Auf Veranlassung des Kardinal-Großinquisitors Dom Henrique wurde er wieder freigelassen und durfte an die Universität zurückkehren.

Universität Coimbra

Es blieben Einzelne. Zu einer reformatorischen Bewegung im portugiesischen Volk kam es damals nicht. Unter den gesamten 40 000 Inquisitionsprozessen, deren Akten im Lissabonner Staatsarchiv liegen, sollen sich nur etwa 200 befinden, welche Protestanten betreffen.

So glänzend Portugal das 16. Jahrhundert begonnen hatte, so bedeutungslos beendete es dasselbe. Tief war der Absturz von Macht, Reichtum und Blüte der Wissenschaft nach dem Tode des letzten Thronerben aus dem portugiesischen Königshaus, des Kardinal-Grossinquisitors Dom Henrique, der, nachdem der jugendlich leichtsinnige König Dom Sebastião bei seinem verspäteten Kreuzzug in Afrika verschollen war, die Regentschaft übernommen hatte. Im Jahre 1580 verleibte Philipp II. von Spanien als Erbe Portugal seinem Reiche ein. Und – wie Philipp in Spanien den Protestantismus ausgerottet hatte, beabsichtigte er es in Portugal mit Hilfe einer verschärften Inquisition auch zu tun. Aber dem Glaubensgericht, nun unter strengerer spanischer Regie, blieb nicht mehr viel zu tun. Jegliche Regung evangelischen Lebens war hier längst erstickt.

17. und 18. Jahrhundert

Der erste Portugiese, der sich 1656 zum evangelischen Predigtamt ordinieren ließ, war João Ferreira de Almeida. Allerdings geschah dies noch nicht in Portugal. In den holländischen Kolonien in der Südsee arbeitete er an der ersten portugiesischen Bibelübersetzung. 1628 im Norden Portugals geboren, wurde er in Lissabon im Hause eines Onkels, der dort Geistlicher war, erzogen. Mit 14 Jahren gelangte er nach Batavia, wo er noch im selben Jahr, 1642, zum Protestantismus übertrat. Zwei Jahre später weilte er in Malaka, das damals, ebenso wie Batavia, unter holländischer Herrschaft stand, und beginnt damit, zunächst das Neue Testament ins Portugiesische zu übersetzen.
Wie kam es dazu?
Die ersten Europäer, die auf die Gewürzinseln gelangten, waren Portugiesen. Vasco da Gama hatte 1498 den Seeweg nach Indien entdeckt und Portu-

gal hatte nach und nach einen riesigen Kolonialbesitz erobert. Es verlor ihn wieder an Engländer und Holländer. Die portugiesische Sprache blieb bis ins 18. Jahrhundert unter Europäern wie eingeborenen Völkern in ihrem Verkehr untereinander die Umgangssprache. Die holländische Regierung gestattete den protestantischen Pastoren der holländischen Mission auf Portugiesisch zu predigen, da in Batavia bei den Freien wie bei den Sklaven der holländischen Kompanie das Portugiesische gebräuchlicher war als das Malaiische.

In dieser portugiesischsprachigen, evangelischen Kirche in Batavia, deren Pastor der Holländer Nicolaus Molineus war, trat Almeida zum Protestantismus über. Später heiratete er die Tochter des Pastors. Im Jahre 1656 begann er nach Ablegung eines Examens mit dem Dienst in jener Gemeinde. 1691 verstarb er in Batavia. Almeidas Übersetzung wird von den Gelehrten gerühmt wegen ihres außerordentlich reichen Wortschatzes, der sie zu dem „wichtigsten und interessantesten Dokument zum Studium der portugiesischen Sprache im 17. Jahrhundert" mache. (Teofilo Braga)
Auf das portugiesische Mutterland hatte diese Arbeit zunächst keine Wirkung. In Portugal, wie in seinen überseeischen Kolonien, herrschten nach wie vor die Jesuiten und unterdrückten jegliche Regung protestantischen Geistes. Dazu gehörte auch die Verbreitung der Bibel. Die Inquisition hatte nicht versäumt, Almeida in Goa „in statua", im Bilde, d. h. in Gestalt einer Strohpuppe, die den Namen des Verurteilten trug, zu verbrennen.

Etwas mehr Freiheit genossen ausländische Protestanten. Sie durften an den Gesandtschaften ihrer Staaten einigermaßen ungehindert ihrem Glauben nachgehen. Das hatten sich die Regierungen der protestantischen Länder erbeten, mit denen Portugal nach der Wiedererlangung seiner Unabhängigkeit von Spanien 1640 Verträge abgeschlossen hatte. So entwickelte sich die deutsche evangelische Gemeinde aus der holländischen Gesandtschaftsgemeinde. Aber selbst diese waren nicht immer sicher, wie der Fall des schwedischen Gesandtschaftspredigers Andreas Silvius zeigt, dem trotz aller diplomatischen Abmachungen das Wirken in Lissabon unmöglich gemacht wurde. Er musste sich, von allen Kanzeln der Stadt herab für vogelfrei erklärt, im Jahre 1721 durch die Flucht in Sicherheit bringen.

1755 erschütterte ein furchtbares Erdbeben mit anschließendem Tsunami und vernichtenden Bränden Lissabon. Vieles änderte sich danach. Durch den mächtigen Minister Marques de Pombal wurde die Stadt nicht nur wieder aufgebaut, auch der klerikale Einfluss wurde mehr und mehr zurückgedrängt. 1759 verwies er die Jesuiten aus Portugal und seinen Kolonien. Das Inquisitionsgericht wurde in einen öffentlichen, den Staatsgesetzen unterworfenen Gerichtshof umgewandelt, zahlreiche Schulen eingerichtet.

Am 31. Mai 1761 hielt der holländische Prediger Johannes Schiving seine Antrittspredigt vor meist lutherischen Deutschen. Zwei Beauftragte der frisch gegründeten deutschen Gemeinde hatten ihn in Wildervank an der deutschen Grenze als geeigneten Mann ausfindig gemacht, und er hatte den völlig unerwarteten Ruf als göttliche Berufung betrachtet und ihm unverzüglich Folge geleistet.

Mit diesem Tag beginnt die Geschichte der deutschen evangelischen Gemeinde zu Lissabon.

1773 erhielt die Gemeinde ihren ersten deutschen Pfarrer, Johann Wilhelm Christian Müller, einen jungen Gelehrten. Er gedachte für drei Jahre nach Lissabon zu gehen, um dann, bereichert an Wissen und Erfahrung, in seiner Heimat seine wissenschaftliche Laufbahn fortzusetzen.

Er lebte sich dann so gut ein, dass er den Kontrakt auf unbestimmte Zeit verlängerte. 1779 heiratete er Anna Elisabeth Moller, welche er 1773 als erste Konfirmandin konfirmiert hatte. Nach 18-jährigem treuen Gemeindedienst legte er sein Pfarramt nieder, um in den Dienst der portugiesischen Regierung zu treten, wofür er zum katholischen Glauben übertreten musste. Seine Familie blieb evangelisch. Heute noch finden wir Nachfahren in Portugal. Seine Tochter Dorothea wurde zum gefeierten Mittelpunkt der Gesellschaft.

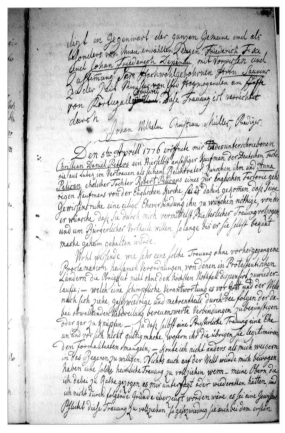

Pfarrer Müller führte sehr ausführlich und gewissenhaft das Kirchenbuch. Hier bewegen ihn die Gründe für eine erwünschte geheime Eheschließung: „... sei es dahin gekommen, dass seine Gewissensruhe eine eilige Eheverbindung ihn zu wünschen nöthige ...“

Kirchenbuch der deutschen evangelischen Gemeinde zu Lissabon

Zu seiner Zeit regierte eine Frau auf dem portugiesischen Thron: Dona Maria I. (1734–1816). Nach dem Tode von König José I. im Jahre 1777 gab es einen politischen Umschwung. Josés älteste Tochter Maria, die mit ihrem Onkel Don Pedro verheiratet war, bestieg den Thron. Die eigentliche Herrscherin war jedoch ihre Mutter, eine fanatische Katholikin. Sie sorgte dafür, dass dem liberalen Marques de Pombal der Prozess gemacht wurde und dieser, all seiner Ämter entkleidet, auf eines seiner Güter verbannt wurde. In der nun folgenden Reaktion gelangten die römischen Geistlichen und Jesuiten wieder zu unumschränkter Macht. Pombals liberale Gesetze und Verordnungen wurden aufgehoben und etliche Schulen für das Volk und andere Bildungsinstitute als gefährliche Herde des ketzerischen, modernen Zeitgeistes aufgelöst. Die Königin setzte sich persönlich ein, um „ausländische Ketzer" zum katholischen Glauben zu führen. Besonders bei ärmeren Ausländern hatte sie dadurch Erfolg, dass sie selbst das Patenamt bei den Umgetauften übernahm und eine Pension für sie aussetzte.

Überliefert ist uns die Predigt eines Dominikanerpaters anlässlich einer Proselytentaufe:

„Seit der Zeit des heiligen Dominikus hat kein Fürst oder Monarch so vielen Eifer in die Bekehrung der Irrgläubigen bewiesen als Ihre allertreueste Majestät, die jetzt regierende Königin, wofür Gott und die heilige Maria sie reichlich belohnen und ihr Friede und Heil in diesem Leben und die Krone der Herrlichkeit in jenem bescheren werden. Die Wahrheit dessen, was ich sage, beweisen die unzähligen Bekehrungen an diesem glänzenden Hofe seit Ihrer Majestät Gelangung zum Throne. Dies bezeugen die hartnäckigen französischen Hugenotten, die verworfenen englischen Ketzer, die deutschen Anhänger des grausamen Calvin und gottlosen Luther, welche in so großer Anzahl in diesen Mauern, in den Schoß der wahren Kirche aufgenommen werden, dass sich schwerlich entscheiden lässt, ob die Frömmigkeit oder Freigebigkeit Ihrer Majestät mehr dazu betragen, sie auf die Gedanken zu bringen, ihren gottlosen Irrlehrern zu entsagen und sich als demütige und gelehrige Söhne der einzigen untrüglichen Kirche auf Erden zu bekehren."

Napoleons Truppen überfielen 1804 Portugal mit zerstörerischer Macht. Der König floh mit seinem Hof nach Brasilien. Nach der Vertreibung der Franzosen trat eine neue, liberale Verfassung in Kraft. Die Inquisition wurde 1820 abgeschafft. Ihr Palast war schon vorher vom Volke gestürmt und demoliert worden. Portugiesen blieb es jedoch verboten, aus der katholischen Kirche auszutreten.

Eine neue Zeit begann, in der sich, wenn auch unter heftigen Anfeindungen und gegen starke Widerstände, eine protestantische Bewegung entwickeln konnte.

19. Jahrhundert

In dem Jahr, in dem mit dem Sturz des absolutistischen Systems eine freiheitlichere Zeit anbrach, betrat der erste Agent der Britischen Bibelgesellschaft, der junge, sprachbegabte Engländer George Borrow, portugiesischen Boden. Er reiste bald nach Spanien weiter. Bis von England ein eigener Agent nach Portugal entsandt wurde, überließ man die Vertretung der Bibelgesellschaft den deutschen evangelischen Pastoren in Lissabon.

Die Kalleys – Wie mit Margreths kranker Lunge
alles begann

Missionarspaare wurden gemeinsam ausgewählt,
vorbereitet und entsandt. Leider finden wir in den
schriftliche Zeugnissen meist nur den Namen des
Mannes wieder, obwohl die Arbeit nur gemeinsam
sinnvoll getan werden konnte.

So musste auch Robert bei seiner Einstellung unterschreiben, dass die Braut von der Gesellschaft gutge-
heißen werden muss.

Im Jahre 1838 wollte sich das junge Missionarsehe-
paar Margreth und Dr. Robert Kalley im Dienste der
Londoner Missionsgesellschaft auf den Weg nach
China begeben. Unglücklicherweise erkrankte Mar-
greth an Tuberkulose und die Missionsgesellschaft
war der Ansicht, dass ein längerer Aufenthalt in
China nicht empfehlenswert sei. Da zu jener Zeit die
Insel Madeira im Rufe stand, die Schwindsucht gün-
stig zu beeinflussen, entschlossen sie sich, anstatt die
Seelen der Chinesen zu retten, erst einmal mit der
Rettung von Margrehts Lungen zu beginnen.

Am 12. Oktober erreichten sie mit Margreths Mutter und ihren zwei Schwestern die Inselhauptstadt
Funchal. Zu diesem Zeitpunkt ahnten sie noch nicht,
dass dies keinesfalls ein Erholungsaufenthalt werden
würde.

Robert, der aus reichem Elternhaus stammte, hatte
die übliche religiöse Erziehung genossen, ohne besonders gläubig zu werden. Nach seinem Medizin-
studium in Glasgow ließ er sich als Schiffsarzt auf
der Linie Schottland-Bombay anheuern. Ebenfalls
als Schiffsarzt arbeitete ein anderer Brite, der genau
wie Kalley 1809 geboren worden war: Charles Darwin. Darwin, der Kleriker war, begeisterte sich für
die Wissenschaft und durch sein Hauptwerk „Über

die Entstehung der Arten durch die natürliche Selektion" rührte er wie kein anderer an den Grundfesten der biblischen Schöpfungsgeschichte.

Kalley, ohne großen Glauben aufgewachsen, trug zur Ausbreitung der Bibel in einer bis dahin in dieser Hinsicht unerschlossenen Welt bei, dem portugiesischsprachigen Raum. 1832 lässt er sich in Kilmarnock, einer Stadt, die durch ihre Textilindustrie geprägt ist, nieder und wird von seinen Patienten bekehrt. Er tritt der Kirche von Schottland bei, einem Zweig der Presbyterianischen Kirche. Zwei Jahre später meldet er sich auf den Aufruf der Londoner Missionsgesellschaft, den diese an Missionsärzte ergehen ließ, sich für den Dienst in China zu melden.

Unter den Kollegen, die sich meldeten, befand sich auch David Livingstone, der vierzig Jahre später verloren gehen sollte, auf der Suche nach der Quelle des Nils. 1834 lag ihm jedoch daran, Kantonesen zu bekehren. Auch er erreichte – wegen des Opiumkrieges – China nicht. Der Missionars-Kandidat änderte seine Pläne und diente dem britischen Empire in Afrika, unter anderem als Konsul in der portugiesischen Kolonie Moçambique. Ziel der Briten war die Zerstörung des portugiesischen Kolonialreiches zugunsten des britischen.

Die britische Bibelgesellschaft druckte reichlich Bibeln in portugiesischer Sprache, um ihren Afrika-Missionaren die Waffen des Wortes an die Hand zu geben. Allerdings ergab sich dazu in den nächsten Jahrzehnten auf afrikanischem Boden keine rechte Gelegenheit. Sie wären sicher länger ungelesen geblieben, hätte nicht Kalley ein unerwartetes Feld für die portugiesische Evangelisation inmitten des Atlantiks aufgetan.

1839 lebten und arbeiteten auf der Insel Madeira 140 römisch-katholische Priester. Sie besaßen insgesamt 80 Bibeln, die auf besonderen Wunsch der portugiesischen Königin Dona Maria II. zum Gebrauch für die Priester auf die Insel geschickt worden waren. Die Königin war mit dem Deutschen Ferdinand von Sachsen-Coburg-Gotha verheiratet. Drei Jahre später gab es 3 000 Bibeln und Neue Testamente.

Schnell wurde Margret und Robert klar, dass sie hier ebenso nötig gebraucht wurden wie in China. Die Inselbevölkerung war größtenteils arm, schlecht ernährt, ohne medizinische Hilfe und Bildungsmöglichkeiten. Zwar wirkte auf der Insel seit 1833 der Brite Richard Thomas Lowe als Pfarrer für die starke Gemeinde der Engländer, doch kümmerte er sich ausschließlich um nicht-portugiesische Seelen. Er arbeitete strikt nach dem Prinzip der Nichteinmischung, um nicht mit den Behörden in Konflikt zu geraten. Sein Interesse galt der örtlichen Flora und Fauna, worin er sich zum anerkannten Spezialisten entwickelte, nicht den Seelen und dem sonstigen Wohlbefinden der einheimischen Inselbevölkerung. Am ersten Sonntag, den Margret und Robert in Funchal verbrachten, gingen sie in seinen Gottesdienst. Es blieb das einzige Mal. Am darauffolgenden Sonntag luden sie selbst in ihr Wohnhaus zum Gottesdienst ein.

Robert Kalley erlernte schnell die portugiesische Sprache, erlangte in Lissabon die ärztliche Approbation und eröffnete in Funchal ein kleines Krankenhaus, in dem er unbemittelte Kranke unentgeltlich behandelte. Margret und er richteten Schulen für Kinder und Erwachsene ein. Zwischen 1839 und 1845 sollten etwa 2 500 Personen dort lesen und schreiben lernen. Damals waren circa 8 % der Inselbevölkerung Analphabeten.

Anfangs wurde die Tätigkeit der Kalleys freundlich begrüßt. Selbst der Bischof von Funchal gehörte zu den Patienten. Aber als die Behörden mitbekamen, dass die Schüler an Hand von religiösen Büchern lesen lernten, dass Kalley, bevor er heilte, ein kurzes

Gebet sprach und dass Margret und er jeden Sonntag ihr Haus öffneten für jeden, der an der Lesung biblischer Texte teilnehmen wollte, wurden sie skeptisch. Überdies verteilten die Kalleys Bibeln in portugiesischer Sprache, die in England in hoher Zahl gedruckt worden waren, dazu kamen 1 220 Neue Testamente und 1 720 „Select books" (Psalmen, Sprüche, Prediger und Jesaja). Robert schrieb die ersten Kirchenlieder, die es in portugiesischer Sprache gab, und die bald bei der Feldarbeit und in den entlegensten Winkeln der Insel erklangen. Heute noch stehen seine Lieder im Gesangbuch, ebenso wie die überaus zahlreichen seiner zweiten Frau Sara Poultron Kalley.

Als die Ersten öffentlich konvertieren, beginnt die Jagd auf die „Calvinisten". Exkommunikation und Bannfluch für die Neu-Protestanten sind die Folge. „Dass niemand ihnen Feuer, Wasser, Brot oder was auch immer ihnen helfen sollte, gebe. Wer ihnen etwas schuldet, braucht ihnen keine Schulden zurückzuzahlen. Niemand darf sie vor Gericht verteidigen." (Aus: F. Fernades, Madeirenses Errantes, S. 48)

Eine enge Mitarbeiterin der Kalleys ist Maria Joaquina Alves, Mutter von sieben Kindern, die, weil sie dem katholischen Glauben abgeschworen hat, zum Tode verurteilt wird. Das Todesurteil wird durch das Gericht in Lissabon in eine Gefängnisstrafe umgewandelt. Zweieinhalb Jahre lang bleibt sie inhaftiert und wird zum Symbol für die evangelischen Gläubigen in ihrer Standhaftigkeit für ihren Glauben.

Kalley selbst landet für sechs Monate im Gefängnis, wo er bis zu drei Personen gleichzeitig empfangen darf. Es wird ihm allerdings verboten, mit ihnen zu singen oder in der Bibel zu lesen. Er kommt auf den Protest des britischen Botschafters in Lissabon frei. Weitere Madeirenser werden evangelisch, doch die Lage wird immer schwieriger. Der Bischof droht jedem mit Exkommunikation, der eine Bibel besitzt oder darin liest. Häuser werden von der Polizei durchsucht, Menschen gewaltsam gefangengenommen. Blutige Szenen spielen sich auf den Straßen ab. So ist uns über Mariazinha de Vasconcelos, Mutter von drei Kindern, überliefert, dass sie fast zu Tode gequält wurde. Den Kalleys gelingt mit knapper Not die Flucht auf ein englisches Schiff, das gerade im Hafen liegt, während ihr Haus bereits in Flammen steht, mit dem die ärztliche Ausrüstung, die wertvolle Bibliothek und unersetzliche Manuskripte vernichtet werden. Eine weitere Rauchsäule können sie vom Schiff aus sehen. Auf der Praca da Republica werden Bibeln verbrannt. Auch das Krankenhaus wird zerstört und einige Schulen.

Eine große Zahl von Neu-Protestanten flieht zunächst in die Berge. Täglich werden „Bibelleser", wie die Protestanten genannt werden, verhaftet. Einige Bibeln konnten vor der Verbrennung auf dem Hauptplatz der Inselhauptstadt gerettet werden. Während des Tages werden sie unter Steinen versteckt, nachts holen die verbliebenen Gläubigen sie heimlich hervor, verlassen ihre Verstecke im Schutze der Dunkelheit, um sich an verabredeten Stellen mit ihren Glaubensgenossen zur Andacht zu treffen. Dann gelingt es, ebenfalls auf englische Schiffe zu gelangen, die unterwegs waren, um Arbeiter für ihre Kolonien in der Karibik zu werben. An die 2 000 verfolgte Protestanten sollen es gewesen sein, die ihre Heimat Madeira mit wenig Gepäck verließen. Die Taufscheine sind die einzigen Personaldokumente. In Trinidad, Springfield/Illinois und selbst auf Hawaii findet man heute noch Nachkommen. Es bildeten sich sehr aktive portugiesische, presbyterianische Kirchen auf dem amerikanischen Kontinent. Überall hinterließen diese portugiesischen Protestanten Spuren. Frances Affonso arbeitete im Haushalt von Abraham Lincoln und nähte am Kleid, das Mrs. Lincoln zur Amtseinführung ihres Mannes trug.

Die Madeirenser Protestanten exportierten ihr Lieblingsinstrument „cavaquinho" nach Hawaii. Auf den Inseln im Pazifik wurde es unter dem Namen „Ukulele" bekannt. Mary Astor, die Schauspielerin, die an der Seite von Humphrey Bogart im Malteser Falken spielte, wurde als Lucille Vasconcellos Langhanke geboren. Sie erhielt 1941 den Oscar als beste Nebendarstellerin. Ihre Vorfahren waren ebenso vor wütenden Katholiken geflüchtet wie die eines anderen Oscar-Preisträgers: Sam Mendes, der in unseren Tagen den Oscar als Regisseur für die subtil sarkastische Gesellschaftssatire „American Beauty" erhielt.

Gehen wir zurück in die Zeit der Glaubenspioniere, so ist uns der Name einer Frau überliefert, die theologisch tätig wurde. Antonia Postana Estaque ging, als sie verwitwet war, als protestantische Missionarin mit 65 Jahren für drei Jahre nach Madeira zurück. 1887 zieht es sie zurück nach Amerika. Sie geht dort ihrer segensreichen Arbeit als Missionarin der Presbyterianischen Kirche in der Walfangmetropole New Bedford nach. Dort leben viele Portugiesen, vor allem von den Azoren. Die protestantischen Amerikaner hatten in den Portugiesen aus Illinois den Schlüssel zur bis dahin unerschütterlich katholischen portugiesischen Kommunität entdeckt.

Es bleibt anzumerken, dass es weltweit nur einen weiteren Fall während der missionarischen Ausdehnung im 19. Jahrhundert gibt, bei dem Protestanten unter so massiven Verfolgungen leiden mussten: die Verfolgungen auf der Insel Madagaskar.

In Lissabon verfolgte eine Frau mit großer Anteilnahme die Nachrichten über die Verfolgung der Madeirenser Protestanten. Es war die in Portugal geborene Engländerin Ellen Roughton, Mutter von neun Kindern. Sie korrespondierte mit Dr. Robert

Ellen Roughton

Kalley, der seit 1855 in Brasilien lebte und mit großem Erfolg für die Ausbreitung des evangelischen
Glaubens arbeitete. Ellen Roughton hielt in ihrem
Haus Bibelstunden ab und schrieb Kalley am 13. Juli
1865: „Es freut mich, Ihnen mitteilen zu können,
dass die sonntäglichen Versammlungen in meinem
Hause immer besser besucht werden."

Darüber hinaus gründete sie Schulen für Mädchen
und Jungen, in denen sie selbst den biblischen Unterricht erteilte.
Obwohl sie eine begnadete Evangelistin war, gab es
damals keine Möglichkeit für eine Frau, Pastorin zu
werden. So lud sie den schottischen Pfarrer Robert
Stewart ein, in ihrem Hause zu predigen. Dieser

mühte sich vergeblich, einen Zugang zur portugiesischen Sprache zu bekommen und so waren alle erleichtert, als im Hause Roughton ein leibhaftiger portugiesischer Pastor vorstellig wurde. Antonio de Matos kam aus den USA. Geboren auf der Insel Madeira, war er als Kind mit den Verfolgten nach Amerika gekommen. Dort studierte er Theologie und hatte nach seiner Ordination in portugiesisch-sprachigen Gemeinden gewirkt. Nun kam er, auf dem Wege nach Madeira, wo er die presbyterianische Kirche neu organisieren wollte, nach Lissabon. Er spürte, dass hier seine von Gott bestimmte Wirkungsstätte sein sollte. So entstand die Presbyterianische Kirche von Lissabon letztlich auf Betreiben einer Frau. Ellen Roughton war zu ihrer Zeit anerkannter Mittelpunkt des protestantischen Lebens in Lissabon.

Neben anderen beteiligte sich auch der ehemalige spanische Priester Angel Herreros de Mora an ihrer Arbeit. Er war aus seiner Heimat als zu freimütiger Priester unter der erzkatholischen Regierung Isabellas II. nach Amerika geflohen, wo er zum evangelischen Glauben fand und im Dienste der Britischen Bibelgesellschaft tätig wurde. Auf die Nachricht von der Revolution in Spanien wollte er in sein Vaterland zurückkehren, um dort für das Evanglium zu arbeiten. Auf der Reise dorthin kam er durch Lissabon und fand dort Anfänge evangelischer Arbeit vor. Er beteiligte sich an der Arbeit von Ellen Roughton, bis er später eine eigene Gemeinde gründete. Dies ging mit offizieller Duldung, da er Spanier war. Die portugiesische Regierung versuchte damals alles zu vermeiden, was das benachbarte Spanien hätte reizen können.

100 Jahre Deutsche Gemeinde –
Elisabeth Rothe, geb. von Kathen, erinnert sich

Ich musste mich schnell entscheiden. Unsere Familien kannten sich zwar, aber ich hatte Wilhelm lange nicht gesehen. Mein Vater, Oberstleutnant von Kathen und meine Mutter, eine geborene von Dewitz, bereiteten mich darauf vor, dass der Sohn des Regierungspräsidenten von Merseburg, Rothe, der vor zwei Jahren nach Lissabon zur Verwaltung der Pfarrstelle berufen worden war, nun zu einem Heimaturlaub zurückkommen wolle. Er wolle seine Angelegenheiten in der Heimat regeln und eine treue Gefährtin für das Leben finden, wozu er mich ausersehen habe.

Viel wusste ich nicht von ihm. Ein glückliches Familienleben im Elternhaus, ein großer Geschwisterkreis und häufiger Verkehr bei den Verwandten auf den Gütern der Umgebung hatten seine Kindheit versonnt. Das selige Sterben seiner frommen Mutter war ein Erlebnis, das sich tief in die Seele des Primaners einprägte und ihn zum Studium der Theologie führte.

Nach der Hochzeit am 26. September 1864 fuhren wir über Luxemburg und Paris zunächst nach Madrid. Dort hielt Wilhelm am 16. Oktober 1864 in der Preußischen Gesandtschaft den ersten evangelisch-deutschen Gottesdienst, der jemals in Spanien stattgefunden hat. Damals regierte noch die streng katholische Isabella. Wer in der Bibel las, lief Gefahr, zu mehrjähriger Galeerenstrafe verurteilt zu werden. Mit Rücksicht auf die erregte, fanatische Volksstimmung hielt es der Gesandte von Werthern nicht für gut, den Gottesdienst mit Gesang zu beginnen, der den Pöbel zu Gewalttätigkeiten reizen könnte.

Den Saal der Gesandtschaft hatte Frau von Wert-
hen, eine geborene Freiin von Bülow, sehr würdig in
eine Kapelle umgewandelt. An die Predigt schlossen
sich Beichte und Heiliges Abendmahl, sowie einige
Taufen. Unter den Täuflingen befand sich auch ein
Söhnchen des Gesandten.

Nach acht Tagen in Madrid ging es weiter in Rich-
tung Lissabon, wo wir am 23. Oktober 1864 anka-
men. Am nächsten Morgen erschienen freundlichst
die Mitglieder des Gemeindekirchenrates, um mich
zu begrüßen. Dann packten wir zum letzten Mal
unsere Sachen in eine Droschke und fuhren durch
die lange Hauptstraße zu unserem Pfarrhaus, Largo
das Cortes as Nececidades 10. An der Tür erwarteten
uns Maria, die Köchin und der Küster Wepler.
Als Wilhelm vor zwei Jahren in Lissabon ankam, war
es ihm noch anders ergangen. Er beschrieb es mir
folgendermaßen: „Am 11. November 1862 liefen wir
in den majestätischen, fast eine deutsche Meile brei-
ten Tejo ein. An der Südseite liegt die Stadt auf sie-
ben Hügeln und macht, von der Seeseite gesehen,
einen sehr stattlichen Eindruck. Als die ‚Ville de
France' vor der Praca do Comercio vor Anker gegan-
gen war, erschien ein Boot mit schwarz-weißer
Flagge, darin der Kanzler der Preußischen Gesandt-
schaft, der mich freundlich abholte und mit dem
Boote nach dem Landungsplatze Pampulia brachte,
wo der deutsche Küster Wepler mich erwartete.
Indessen das Pfarrhaus war verschlossen, den
Schlüssel hatte Herr Finger, Vorsitzender des Ge-
meindekirchenamts in seinem Büro. Da derselbe
aber dort nicht mehr anwesend war, so entschloss
ich mich, nach längerem Umherirren in den Straßen
Lissabons zunächst in ein Gasthaus zu gehen, wo
ich über diesen seltsamen Empfang nachzudenken
Muße hatte. Schließlich gelangte ich dann doch in
das Haus und richtete mich darin ein, mit Hilfe eines
ältlichen portugiesischen Dienstmädchens, Dona

Carlotta, mit der die Verständigung zum Teil durch Zeichensprache erfolgen musste.

Das Pfarrhaus liegt an einem freien Platz gegenüber dem Schloss Nececidades. Von dem Balkon hat man einen großartigen Blick auf den Tejo und die Berge dahinter; die Sonne sinkt in den Atlantischen Ozean nieder. Das Haus war vollständig eingerichtet. Hinter dem kleinen Hof des Pfarrhauses liegt die freundliche Kapelle. Nach portugiesischem Gesetz wird Ausländern gestattet, für ihren Kultus Gotteshäuser zu errichten, doch dürfen sie nicht von der Straße sichtbar sein und weder Kreuz noch Glocken haben.

Mein erster Sonntag war Totenfest. Das Kirchlein war gut besucht. Auf den Bänken nächst dem Altar saßen die Mitglieder des diplomatischen Korps: der preußische Gesandte von Arnim und seine liebenswürdige Gemahlin, geb. Gräfin Arnim-Boitzenburg, die Frau des russischen Gesandten von Ozeroff, geb. Gräfin Schlippenbach, sowie die Gräfin Carreiro, Gemahlin eines höheren Hofbeamten, eine Kurländerin.

Den Hauptteil der Kapelle nahmen die Familien der deutschen Kaufleute und Handwerker ein.

Auch Schweizer und Schweden hatten sich der deutschen Gemeinde angeschlossen.“ Die Lissabonner Gemeinde, die etwas über 200 Seelen zählte, war die einzige deutsch-evangelische Gemeinde auf der ganzen Pyrenäen-Halbinsel; Fliedners Tätigkeit in Spanien begann erst später. Ja, bis nach Afrika erstreckte sich Wilhelms Sprengel.

Gewissermaßen als Schutzherr der deutschen Gemeinde sah sich der Vater des Königs Don Fernando an, obwohl er der katholischen Linie der Sachsen-Coburg-Gotha angehörte. An Neujahr und bei sonstigen festlichen Anlässen verfehlten wir nicht, ihm die Glückwünsche der Gemeinde zu bringen. Später ließ sich Don Fernando sogar mit einem Mitglied

der evangelischen Gemeinde durch Wilhelms Nachfolger im Amte des evangelischen Pfarrers im Ritter-
saal des königlichen Schlosses Necessidades trauen.
Am 10. Juli 1869 heiratete der verwitwete portugiesische Regent die deutsche Tänzerin Elise Friederike
Hänsler, spätere Gräfin Edla. Da Ferdinand von Sachsen-Coburg-Gotha selbst katholisch war, wurde das
Paar zuerst katholisch getraut und kurz danach
evangelisch. Bei Mischehen war es üblich, sich dop-
pelt trauen zu lassen. In der Regel wurden dann die
Knaben in der Religion des Vaters, die Mädchen in
der Religion der Mutter erzogen. Als aber die römische Kirche bei Trauungen auf das Gelöbnis der
katholischen Kindererziehung bestand, war die Folge,
dass die deutschen Männer, die Portugiesinnen heirateten, auf die katholische Trauung verzichteten,
um sich nicht zu einer katholischen Erziehung ihrer
Kinder verpflichten zu müssen.
Wir hatten freien Zugang zum unserer Wohnung
gegenüberliegenden Park des Königs Don Fernando,
der uns dort oft freundlich begrüßte. Außer uns war
selten jemand da, so dass wir den herrlichen, sehr
umfangreichen Garten mit seiner südlichen Pracht
und üppigem Blumenflor ganz zur Verfügung hatten. Wir konnten uns den schönsten Platz unter den
Palmen oder Araukarien aussuchen, wo wir oft stun-
denlang saßen.

Es war ein herrliches Leben, das wir miteinander
führten. Allmählich traten uns einige liebe Menschen näher. Eine erfreuliche Bereicherung war der
neue Kanzler der Preußischen Gesandtschaft, Four-
nier. Seiner schwachen Gesundheit wegen musste er
im Süden leben. Rom und Athen waren ihm, der
Malaria wegen, nicht bekommen. Nun versuchte er
es mit Lissabon, das als fieberfrei galt. Wir freuten
uns, wenn abends sein Wagen vorfuhr. Gern verkehrten wir mit einigen jüngeren Kaufmannsfamilien
wie den Daenhardts und Costas.

Nach dem sonntäglichen Gottesdienste pflegte in unserem Saale eine Art Empfang der Kirchenbesucher stattzufinden.

Zu Wilhelms amtlichen Obliegenheiten gehörte auch die Aufsicht über die deutsche Schule, welche vom Gustav-Adolph-Verein Unterstützung erhielt. Vielsprachig musste man in Lissabon sein. In seinem Schreibtisch lagen Formulare für die Amtshandlungen in vier Sprachen bereit. Auch die Kinder der Schule sprachen erstaunlich sicher mehrere Sprachen.

Unter Gottes gnädigem Schutz wurden wir mit einem prächtigen Jungen beschenkt, den Wilhelm an einem schönen Augusttag taufte.

Leider kamen sehr beunruhigende Nachrichten über das Befinden meiner lieben Mutter. Wir empfanden es als unsere Pflicht, sie vor ihrem vielleicht nicht fernen Abscheiden zu sehen. Es war eine sehr schwere Entscheidung. In Lissabon umgab uns Freundlichkeit und Vertrauen, dazu die Pracht des Südens, das herrliche Klima, die Großstadt mit ihren internationalen Anregungen. Die Gemeinde war lebendig und wuchs stetig.

Es wurde ein schwerer Abschied. Am 2. Juni führte Wilhelm seinen Nachfolger Pfarrer Meyer aus Pritzwald ein.

Donnerstag, den 6. Juni 1867, früh um 7 Uhr, gingen wir an Bord der „Villa de Malaga". Einige Freunde begleiteten uns bis auf das Schiff.

Noch einmal zog alles an unseren Blicken vorüber: unser Pfarrhaus, der Palast Nececidades, das Kloster Belem. Dann entschwand die Stadt unseren Blicken. Lissabon lag hinter uns und mit ihr eine reiche, ach so reiche, gnaden- und segensreiche Zeit unseres gemeinsamen Lebens.

Pastor Meier der deutschen evangelischen Gemeinde, der auch in portugiesischen Kreisen besondere Achtung genoss, unterstützte portugiesische und spanische Glaubensgenossen, auch wenn sie nicht lutherisch waren. Er sammelte in seiner Gemeinde Spenden und übermittelte 1871 dem spanischen Pastor 24 Taler als „schwesterliche Liebesgabe (!) der deutschen Gemeinde". Die spanisch-portugiesische Gemeinde gründete eine Schule, die vorwiegend von Kindern der ärmsten portugiesischen Bevölkerung besucht wurde. Um diese fortlaufend zu unterstützen, rief Pastor Meier 1872 innerhalb seiner Gemeinde einen besonderen Frauenverein ins Leben, der von der Pfarrfrau geleitet wurde. Dieser brachte im ersten Jahr über 100 Taler auf und unterstützte die Schule einige Jahre hindurch jährlich mit einer recht ansehnlichen Summe.

So engagiert de Mora war, so schwierig war er doch als Mensch. Deshalb trennten sich einige Priester von ihm und schlossen sich Gemeinden an, die zur englischen Episkopalkirche angeschlossen waren. Diese Kirche brachte große Mittel für die Evangelisation Portugals auf, errichtete drei Kapellen in Lissabon und besoldete deren Geistliche. 1880 schloss sich auch die spanische Gemeinde, deren Prediger nun der ehemalige Priester Henrique Ribeiro, ein Bruder des Marineministers Tomaz Ribeiro, war, der Igreja Episcopal Reformada an. Diese bildete, unter Einschluss der im Norden Portugals entstandenen Gemeinde, die Igreja Evangelica Lusitana. Die Wurzeln dieser Kirche lagen in der Unzufriedenheit vieler Katholiken über das Dogma der Unfehlbarkeit des Papstes (I. Vatikanisches Konzil). Einige portugiesische katholische Priester verließen deshalb ihre Kirche und schlossen sich der Spanisch-Evangelischen Kirche an. Da die meisten aber Portugiesen waren, entschlossen sie sich eine portugiesische Kirche zu gründen, die Lusitanische. Seit 1980 ist sie Mitglied der Anglikanischen Kirchengemeinschaft.

Während sich die Presbyterianische und die Lusitanische Kirche in Lissabon formierten, erregte der Engländer James Cassels in Vila Nova de Gaia bei Porto das Interesse von polizeilicher und religiöser Obrigkeit. Zu den Gottesdiensten in seinem Hause lud er auch Portugiesen ein. Cassels musste vor Gericht erscheinen, hatte aber mehr Glück als die Kalleys. Er ließ aus eigenen Mitteln eine Kapelle erbauen. Die John-Wesley-Missionsgesellschaft in London kam seinem Wunsch nach und schickte einen Pfarrer, Robert H. Moreton, der die „Portugiesische Methodistische Kirche" gründete.

Neue Impulse in Portugal kamen durch den Brasilianer Reverend Natanael Emmrich, der 1944 nach Lissabon kam. Nach dem Zweiten Weltkrieg begann eine starke Zusammenarbeit mit den amerikanischen Presbyterianern. Am 12. Mai 1947 entstand offiziell die Igreja Presbiteriana de Portugal, ein Zusammenschluss der Presbyterianer vom Kontinent und den Inseln mit einigen kongregationalistischen Gemeinden. Die Gemeinden nennen sich bis heute in Portugal „Kirchen". Jede Ortsgemeinde versteht sich in vollem Sinne als „Kirche Jesu Christi", die in einer gemeinsamen Synode zusammengeschlossen sind. Diese wählt eine gemeinsame Kirchenleitung.
Sehr prägend in den folgenden Jahren war die Arbeit des dynamischen amerikanischen Ehepaars Christine und Dr. Michael Testa.

Die erste nationale Synode findet am 31. Oktober 1952 statt. 1953 wird der Verband der Frauenarbeit gegründet mit Christine Testa als Präsidentin. Neben der Arbeit in den Gemeinden steht nun eine Zusammenarbeit auf nationaler Ebene auf dem Programm. Ein weiteres Aufgabengebiet, das die Frauen sich wählen, ist die Betreuung der jungen Menschen im kirchlichen Studentenwohnheim.

Verabschiedung Testas

Bereits im Oktober 1946 wurde das Theologische Seminar gegründet, um portugiesische Pastoren auszubilden. 1949 wurden in die Leitung je ein Vertreter der Methodisten und der Lusitanischen Kirche berufen. Seitdem bildete es Pastoren für diese drei Kirchen aus und war überdies offen für andere. Viele Studenten aus Afrika wurden dort ausgebildet, von denen in den sechziger Jahren etliche von der PIDE, der staatlichen Geheimpolizei, verfolgt wurden. Nachdem die Testas 1963 Portugal verlassen hatten, leiteten junge portugiesische Pastoren die Kirche. Die Zeit nach dem II. Vatikanischen Konzil und der Geist der Ökumene waren nicht ganz einfach für einen Protestantismus, der sich bis dahin sehr antikatholisch definiert hatte.

In der Geschichte des portugiesischen Protestantismus spielten Frauen stets eine Rolle. Aktiv in Gottesdienstbesuch und diakonischer Arbeit, wurden sie nicht in den Geschichtsbüchern erwähnt – wie überall auf der Welt. Aber auch an herausragenden Stellen finden wir immer wieder Frauen. Das Verhältnis von Frau und Mann war in der evangelischen Kirche im Allgemeinen besser als in der portugiesischen Gesellschaft. Da sind zunächst die

Pfarrfrauen. In einem Raum der methodistischen Kirche in Porto (Mirante) hängen die Bilder von Menschen, die in der Geschichte dieser Kirche von Bedeutung waren. Darunter sind viele Frauen, oft die Ehefrauen von Pfarrern, die ihre ganz eigene Rolle in der Arbeit für die Kirche gefunden haben. Oft haben sie sogar studiert, um besser auf die Gemeindearbeit vorbereitet zu sein – ohne Aussicht auf eine bezahlte Stelle. Leider findet man in den Bildergalerien anderenorts, z. B. in der deutschen Kirche, nur die der Amtsinhaber, obwohl auch hier viele Ehefrauen im Gemeindeleben eine wichtige Rolle gespielt haben.

Am 17. Januar 1953 gründeten presbyterianische Frauen in absoluter Eigenregie das Frauenreferat ihrer Kirche. Alle Aufgaben waren von Anfang an in weiblicher Hand. Neben dem Aufbau eines Netzwerks, der Förderung der Spiritualität und anderen Dingen nahmen sich die Frauen vor, evangelische Studenten zu betreuen, ihnen ein Stück Familie zu bieten. Viele von ihnen kamen aus Afrika, um in Lissabon zu studieren und lebten im Studentenwohnheim der evangelischen Kirche. Zu diesen Studenten gehörte in späteren Jahren Graca Simbine Machel, in erster Ehe verheiratet mit dem ersten Präsidenten des unabhängigen Moçambique. Nachdem dieser bei einem nie aufgeklärten Flugzeugabsturz ums Leben kam, wandte sie sich der Bildungsarbeit in ihrem Heimatland zu. Sie kämpfte für die Rechte von Kindern und Familien in ihrem vom Krieg zerstörten Land. Heute ist sie die Ehefrau von Nelson Mandela. Wenn sie in Portugal ist, trifft sie sich immer noch gern mit den alten Freundinnen aus dem Studentenwohnheim der evangelischen Kirche.

Die meisten Mitglieder der portugiesischen Kirchen gehörten zu den ärmeren Bevölkerungsschichten. Die Frauen hatten daher noch weniger Gelegenheit als die Männer zu einer guten Ausbildung. Jungen wurden immer vorgezogen. Wäsche waschen, Mahlzeiten zubereiten und die Versorgung vieler Kinder waren viel aufwändiger als heute. Für die Frauen bedeutete dies, dass sie mit dem alltäglichen Kampf um das Dasein mehr als ausgelastet waren.

Neben den vielen anonym gebliebenen Frauen, die trotz allem in großer Zahl am großen Werk der christlichen Nächstenliebe teilhatten, sind uns einige Namen überliefert worden. Einige werden im Nachfolgenden noch ausführlicher behandelt. Einige seien nur kurz erwähnt, weil es kaum Schriftliches zu ihrem Leben gibt.

aus: Portugal und die Portugiesen
Ein Gemälde des Landes und der Nazion
Berlin, bei Friedrich Braunes, 1810

DIE PORTUGIESIN FESSELT DURCH EINE PHYSIO-
GNOMIE, DIE OFT MAJESTÄTISCH UND IMPONIEREND,
UND JEDES MAL IM HOHEN GRADE INTERESSANT IST,
DURCH BRAUNE ODER SCHWARZE AUGEN, DIE SPRE-
CHEND, VOLL LEBEN UND FEUER SIND, DURCH EIN
LANGES UND STARKES SCHWARZES HAAR, WORAUF SIE
NICHT WENIG STOLZ SIND, DURCH SCHÖN GEWÖLBTE
AUGENBRAUEN, EINE NIEDLICH GEFORMTE NASE,
SEHR WEISSE GLEICHSAM GEGLÄTTETE ZÄHNE, EIN
PAAR KORALLENLIPPEN MIT DEM SÜSSEN LÄCHELN
DES WOHLWOLLENS, DURCH EINEN ÜPPIGEN, VOL-
LEN BUSEN, UND DURCH EINEN FUSS, DEN MAN NICHT
LEICHT SCHÖNER FINDEN KANN. NIMMT MAN DAZU
DIE LEICHTE BEWEGUNG, DEN GRAZIÖSEN, LANGSAM
FEIERLICHEN GANG, UND DAS AUSDRUCKSVOLLE IN
DER GANZEN HALTUNG, SO BESITZEN DIE PORTUGIE-
SINNEN REIZE UND VOLLKOMMENHEITEN, DEREN
SCHÖNER VEREIN DEN LEBHAFTESTEN EINDRUCK
MACHT.

Votivgaben in der Kirche des Karmeliterklosters von Buçaco

Welche Rolle spielten und spielen Frauen im Bereich der Religion in einem Land, dessen Geschichte von Tempelrittern und Entdeckern geprägt wurde?
Beide Gruppen verstanden sich als offensive Vertreter des einzig wahren Glaubens.

Einer Frau begegnen wir überall. An Souvenir-Stän-
den, phosphoriszierend, als Hygrometer, in bemal-
tem Ton oder im Lichterkranz, schlank, in reinem
Weiß und himmlischem Blau gekleidet, mit mildem,
demütigen Blick. Es ist die Jungfrau Maria, die 1917
drei Hirtenkindern in ⇨ FATIMA erschien. Sie hat
die Volksfrömmigkeit des Landes sehr geprägt.

*Siehe
Seite 56 f.*

Welche Rolle spielten die Frauen im Laufe der Geschichte?
Die keltiberische Urbevölkerung kannte noch mat-
riarchalische Elemente, die sich in manchen Lan-
desteilen bis heute nachweisen lassen. An Frucht-
barkeitskulte gemahnende Bräuche kann man in
mancher Dorfkirche erleben.

Keltische Krieger riefen in kritischen Situationen
ihre Frauen zu Hilfe. Diese furchterregenden Käm-
ferinnen knirschten mit den Zähnen und teilten mit
ihren starken Armen ordentlich aus. Die Römer
fürchteten sich vor ihnen.
Mit der Herrschaft Roms kam die patriarchalische
Gesellschaft. Die weiblichen Elemente in der Religion wurden verdrängt von männlichen römischen
Kulten, zu denen bald auch das patriarchalisch inter-
pretierte Christentum gehörte.

Allerdings wissen wir auch aus dieser Zeit von einflussreichen Frauen. Im Jahr 27 n. Chr. hatte Kaiser Augustus das Gebiet zur „kaiserlichen Provinz Lusitania" erhoben.

In der alten Kirche Santo Estevao in Leiria entdeckte André de Resende im Jahre 1553 eine geheimnisvolle Grabinschrift. Er fand das Grab der ersten, uns namentlich bekannten Priesterin auf portugiesischem Boden. Laberia Gala wurde in Evora (röm. Ebora) geboren, einer in der römischen Herrschaftszeit sehr bedeutenden Stadt, und starb in Leiria (röm. Collippo). Sie war Priesterin des Kaiserkultes, lebte im 2. Jahrhundert, besaß Land und gab ihren fünf Sklaven die Freiheit. Sie war hoch angesehen. Priesterin zu sein bedeutete, großen Einfluss in Verwaltung, Kultur und Sozialwesen zu haben.

Dianatempel in Evora

Ihr Begräbnis wurde vom örtlichen Senat ausgerichtet und eine Statue aufgestellt mit einer Inschrift, die auf ihre Persönlichkeit und ihre Qualitäten als Frau und herrschaftlicher „Grande Dame" hinweist. Kein männlicher Name erscheint im Text, was darauf schließen lässt, dass sie alleinige Besitzerin und Herrin über ihre Ländereien und ihr Haus war. Die Sklaven, deren Namen uns überliefert sind, waren sehr dankbar und übernahmen ihren Familiennamen.

Neben dem Kaiserkult gab es seit 60 n. Chr. bereits christliche Gemeinden, die beständig zahlreicher wurden. 300 Jahre später erklärte Kaiser Theodosius in Lusitanien das Christentum zur Staatsreligion. Wochentage, die überall in Europa den alten Göttern gewidmet waren (Sonne, Mond, Freya usw.), wurden in Portugal durchnummeriert.

Die keltische Urmutter-Göttin aber hatte noch viele Anhängerinnen. Sie überlebte im Christentum in Gestalt der Maria. Viele frühere keltische Kultstätten wurden zu Marienwallfahrtsorten, die besonders von Frauen besucht wurden. Das ärgerte den Heiligen Martin, Bischof von Braga, der ihnen die heidnischen Bräuche austreiben wollte.

In Braga hatten die Sueben, die ursprünglich aus der Region zwischen Havel und Spree stammten, den ersten Bischofssitz auf portugiesischem Boden eingerichtet. Durch die Völkerwanderung waren sie ins römische Lusitanien gelangt. Die Römer riefen die Wisigoten (= Westgoten oder Weise Goten) zu Hilfe, was sich jedoch für Erstere als Fehler erwies. Die Goten gründeten ihr eigenes Königreich mit der Hauptstadt Toledo. Sie hingen dem Arianismus an, den die römische Kirche als Ketzerglaube betrachtete.

Die Jungfrau Maria erschien in Fatima, einem Ort, der wie viele andere in Portugal einen arabischen Namen trägt.

Spuren der maurischen Herrschaft finden wir auf der Iberischen Halbinsel überall. Durch die Araber wurde die europäische Kultur sehr bereichert: Arithmetik und Algebra, Astronomie, Heilkunst, Schiffsbau und Navigation waren bei ihnen bereits hoch entwickelt. „Wer nach Wissen strebt, der betet Gott an", lehrte Mohammed. Nicht nur für Männer galt dies. Es gab Studentinnen und Professorinnen auf der Iberischen Halbinsel. Es herrschte eine erstaunliche Toleranz.

Damit war es vorbei, als die muslimischen Herrscher vertrieben waren und die römische Kirche ihr Monopol auf Wissen und Lehre erklärte.
Die Lebensregeln für Frauen wurden strenger. So verbot Papst Gregor XV. 1622 allen Frauen, den Wald von Buçaco zu betreten. 480 Hektar groß, ist er eine beeindruckende Mischung aus mehr als 400 einheimischen und 300 exotischen Arten, deren Samen oder Stecklinge portugiesische Seeleute von ihren Fahrten mitgebracht hatten.

Doch das Bild der Frau, die das Haus nicht verlässt und nichts zu sagen hat, wird wohl nur in wenigen Epochen der Geschichte zutreffend gewesen sein.
Im Zeitalter der Entdeckungen und bis in unsere Zeit schickte das kleine Land ganze Schiffsladungen von Männern in den besten Jahren nach Übersee. Erst, um den Seeweg nach Indien zu entdecken, dann, um die neuen Handelsrouten in den Orient und nach Brasilien zu befahren. Schließlich, um die Kolonialkriege zu führen. Heute warten Frauen in vielen Dörfern des Nordens, wie Valdozende, auf die Söhne und Männer, die in Frankreich oder Deutschland ihr Glück versuchen.
Vom Hochadel bis zum einfachen Volk weilten die Männer lange Jahre auf dem Meer, manche kamen nie wieder. Zurück blieben die Frauen, die sich um Privates wie Geschäftliches kümmerten.

Frauen, die eine Ausbildung haben, üben ihren Beruf meist auch aus. Gerade Akademikerinnen trifft man bis in hohe Stellungen an. Allerdings behalten sich die Männer, wie fast überall, die Spitzenpositionen vor.

Aber auch die Verehrung der Jungfrau Maria hat keineswegs zu einer Lustfeindlichkeit im Volk geführt. So wird in Amarante der Heilige Gonçalo verehrt, der bis zu seinem Tode im Jahr 1228 in seiner Grotte lebte. Er steht im Rufe, Frauen zu Kindersegen und Unverheirateten zu Ehepartnern zu verhelfen. Zu seinem Fest Anfang Juni schenkt man sich phallusförmiges Gebäck.
Beliebte portugiesische Süßspeisen sind auch „Nonnenbäuche", „Himmelsspeck" und „Pasteten der Heiligen Clara", an Zucker und Eiern wird dabei nicht gespart.

Und auch die Nonnen, die oft gegen ihren Willen als Kinder ins Kloster kamen, lebten durchaus nicht immer so keusch und züchtig, wie die Kirche das von ihnen erwartete. Berühmt wurde die Nonne Mariana Alcoforado (1640–1723), die eines Tages von ihrem Zellenfenster aus einen gut aussehenden französischen Offizier erblickte. Sie schrieb ihm fünf herzerweichende Briefe, die durch die Übersetzung von Rainer Maria Rilke (1913) auch bei uns berühmt wurden.

Auch wenn sie im praktischen Leben in Stadt und Land schon lange ihre Rolle spielen, so blieben doch vor dem Gesetz lange Ungleichheiten bestehen. Mit dem Beginn der Republik 1910 kam mit der neuen Verfassung die Trennung von Kirche und Staat. Sie brachte das Recht auf Scheidung. Dieses Gesetz stieß sofort auf erbitterte Gegnerschaft. In den nächsten Jahren erfolgte besonders in der Großstadt Lissabon eine Liberalisierung im Alltagsleben.

Während der Diktatur von Antonio Oliveira Salazar wurde durch ein neues Konkordat mit dem Vatikan das fortschrittliche Scheidungsgesetz stark eingeschränkt. Mit der Heirat übernahm der Ehemann die Entscheidungsgewalt für Frau und Kinder. Er durfte ihre Briefe öffnen. Noch in den 1960er Jahren konnte der Gatte jederzeit ein Arbeitsverhältnis seiner Frau auflösen – auch gegen deren Willen. Wollte eine Ehefrau ins Ausland reisen, so brauchte sie eine schriftliche Einwilligung ihres Mannes.

Wahlberechtigt waren Frauen nur, wenn sie das Abitur nachweisen konnten – oder Alleinerziehende waren. Analphabetinnen und Analphabeten waren generell von der Wahl ausgeschlossen. Deren Anteil an der Gesamtbevölkerung lag in den Sechzigerjahren noch bei 38 %.

Nach der Revolution 1974 wurden die Gesetze bald liberalisiert. Die zivile Scheidung wurde wieder erlaubt, diskriminierende Gesetze abgeschafft und eine „Kommission für Gleichheit und Frauenrechte" dem Arbeitsministerium angegliedert (1991). Frauen gehen selbstverständlich ihrem Beruf nach und haben die Möglichkeit, wenn die Großfamilie nicht greift, ihre Kinder bereits mit wenigen Monaten in einer Krippe versorgen zu lassen. Bei den geringen Löhnen und Gehältern ist es meist erforderlich, dass auch die Mutter schnell wieder ihren Teil zum Familienverdienst beiträgt. Die Schutzzeiten sind nicht mit unseren zu vergleichen.

Die Religion spielt nicht mehr eine so wichtige Rolle wie in früheren Zeiten. Es gibt eine offizielle und eine praktizierte Moral. Männer, aber auch Frauen erlauben sich eine erstaunliche Freizügigkeit – solange die Fassade stimmt. Mit diesem „Doppelleben" haben protestantische deutsche Ehefrauen oft ihre Probleme.

Die portugiesische katholische Kirche ist nicht so männlich geprägt, wie man denken mag. Das bestätigten mir Katholiken wie Protestanten. Von 216 Wallfahrtsstätten im Lande verehren 99 Maria, nur 20 Jesus, 14 den Heiligen Geist, und die übrigen 83 teilen sich auf 32 Heilige auf. In kaum einem Haushalt fehlt eine Figur der Madonna von Fatima.

Fest zur Himmelfahrt Mariens 2005 in Malveira da Serra

In der Mitte des Landes liegen zwei religiöse Zentren Portugals dicht beieinander. Allerdings liegen viele hundert Jahre zwischen der Hochzeit der Templer und Christusritter und der Erscheinung der Jungfrau Maria über einer Steineiche.

TOMAR und das Erbe der Templer

Vom sehenswerten Städtchen Tomar führt die Strasse den Berg hinauf zur beeindruckenden Burg der Christusritter, deren Orden der portugiesische König 1319 als Nachfolgeorganisation der Templer gründete. Mit rotflammendem Kreuz auf dem weissen Mantel umstanden sie hier einst den Hochaltar. Königliche Prinzen waren Grossmeister und sorgten dafür, dass ausser der Verteidigung des Glaubens auch die Vergrösserung der Macht der portugiesischen Monarchie als Ziel verfolgt wurde, besonders im Zeitalter der Entdeckungen. Prinz Heinrich der Seefahrer hatte 42 Jahre lang die Würde des Grossmeisters inne. Mit seinen Besitzungen in Portugal, Afrika und Ostindien war der Christusritterorden der reichste Orden der Christenheit.

Überall in Portugal finden wir das Kreuz der Christusritter, besonders in den steinernen Ornamenten der ⇨ MANUELINIK.

Siehe Seite 150 f.

FATIMA

Nicht weit entfernt von diesem jahrhundertealten »männlichen« Zentrum tauchen wir in

EINE VÖLLIG ANDERE WELT EIN. HIER WIRD DIE
JUNGFRAU MARIA VEREHRT. VON DER EINFACHEN
LANDARBEITERIN BIS ZU DEN PÄPSTEN PILGERN
JÄHRLICH SECHS MILLIONEN PILGER AUS ALLER
HERREN LÄNDER HIERHER.

AM 13. MAI 1917, MITTEN IM ERSTEN WELTKRIEG
UND IM JAHR DER RUSSISCHEN REVOLUTION, ER-
SCHIEN DREI HIRTENKINDERN OBERHALB EINER
STEINEICHE EINE WUNDERSCHÖNE JUNGE FRAU IN
EINEM LICHTGLANZ, DER HELLER LEUCHTETE ALS
DIE SONNE.

SIE KÜNDIGTE AN, NUN REGELMÄSSIG AM 13. JEDEN
MONATS WIEDERZUKEHREN, WAS SIE AUCH TAT. SIE
ERKLÄRTE DEN KINDERN, SIE SEI DIE JUNGFRAU VOM
ROSENKRANZ UND VERKÜNDETE DREI WEISSAGUN-
GEN. ZU IHRER LETZTEN ERSCHEINUNG KAMEN
70 000 MENSCHEN UND SAHEN, WIE SICH DIE SONNE
WIE EIN FEUERRAD UM SICH SELBST DREHTE.

ZWEI DER KINDER STARBEN FRÜH. DIE DRITTE, LU-
CIA, WURDE ORDENSSCHWESTER, SCHRIEB BÜCHER
IN MILLIONENAUFLAGE. SIE STARB, IM ALTER VON
97 JAHREN, AM 13. FEBRUAR 2005 IN COIMBRA.

ERST JOHANNES PAUL II. VERÖFFENTLICHTE IM
»HEILIGEN JAHR« 2000 DAS LETZTE »GEHEIMNIS
VON FATIMA«. IN DEN ERSTEN BEIDEN GING ES UM
DIE BEKEHRUNG DES KOMMUNISTISCHEN RUSSLAND
UND DEN KRIEG. IM DRITTEN HIESS ES: »EIN WEISS
GEKLEIDETER BISCHOF FÄLLT WIE TOT ZU BODEN«
UND WIRD AUF DAS ATTENTAT AUF PAPST JOHANNES
PAUL II. BEZOGEN.

AUFFÄLLIG IST DER ORTSNAME AUS ARABISCHER
ZEIT. FATIMA WAR DIE LIEBLINGSTOCHTER DES PRO-
PHETEN MOHAMMED UND WIRD ALS MITGLIED DER
»HEILIGEN FAMILIE« HOCH VEREHRT. AN EINEM
ABGELEGENEN ORT FINDEN WIR DAS WEIBLICHE
ELEMENT AUS ZWEI WELTRELIGIONEN: MARIA UND
FATIMA.

III. AUF DEN SPUREN EVANGELISCHER FRAUEN VON VALDOZENDE BIS FUNCHAL

In der Berglandschaft im Nordwesten Portugals, dem Minho, siedelten einst Kelten. Heute werden hier die katholischen Feste besonders bunt und archaisch gefeiert. Einige Bräuche aus vorchristlicher Zeit haben in katholischem Gewande überlebt.

Auf holprigen Strassen kann man noch heute Ochsen sehen, die hochbeladene keltische Karren mit uralten Scheibenrädern ziehen.

Die erste ordinierte Pastorin Miriam Lopes –
aufgewachsen im protestantischen Valdozende

Am Reformationstag des Jahres 1993 wurde in der methodistischen Kirche „Igreja do Mirante" die erste portugiesische Frau ordiniert: Miriam Lopes Valente. Wegen der Besonderheit des Ereignisses kam aus England Rev. Kathleen Richardson, um die Ordination durchzuführen.

„Es war für mich eine besondere Ehre, dass Kathleen mich ordinierte. Sie war die erste Frau, die die methodistische Kirche als Präsidentin der Methodistischen Konferenz leitete, und die erste Frau, die als Kirchenführerin vom Papst empfangen wurde." Sie gehörte zu den ersten ordinierten Frauen der methodistischen Kirche. Bereits 1987 war sie die erste Frau, die Generalsuperintendentin wurde, was in anderen Kirchen dem Rang eines Bischofs entspricht. 1998 erhielt sie als Baroness einen Sitz im House of Lords, eine Ehrung durch die Königin, die z. B. an Ex-Premierminister, Botschafter oder Erzbischöfe der Church of England vergeben werden. In der überfüllten Kirche, mit Gläubigen aller Gemeinden von Lissabon bis Valdozende, von anderen Denominationen, ja sogar von der katholischen Kirche, erhielt Miriam Lopes, gemeinsam mit José Manuel Cerqueira, den Segen für ein Leben im Dienste Gottes. Alle methodistischen Pfarrer des Landes gestalteten den Gottesdienst.
Mit besonderer Freude gratulierte der Nationalverband der methodistischen Frauen.

Im August 2005 hatte ich Gelegenheit, ein Gespräch mit der Pastorin zu führen, auf das sich das Folgende bezieht.

In vielen portugiesischen Lebensgeschichten spielt Afrika eine wichtige Rolle, so auch in dieser.

Miriam wurde sehr durch ihre Eltern geprägt. Arminda und Francisco Abel Lopes arbeiteten von 1948 bis 1953 als Missionare in Angola, als das Land noch portugiesische Überseekolonie war, und zwar in der methodistischen Quessua-Malange-Mission. Beide arbeiteten als Lehrer. Ihnen wurde eine Tochter geboren, die bald starb und so waren die Missonskinder ihre Kinder. Noch Jahrzehnte später gab es innige Kontakte zu einigen von ihnen.

Ihre Arbeit in der Mission hatte den Wunsch geweckt, Theologie zu studieren, und das taten sie dann auch nach ihrer Rückkehr nach Lissabon. Es war damals durchaus üblich, dass die Frauen das Theologische Seminar besuchten. Sie studierten, um gute Gefährtinnen und Mitarbeiterinnen ihrer Männer zu werden. Sie arbeiteten später ohne Gehalt.

Arminda und Francisco Lopes arbeiteten in Aveiro, wo Miriam 1958 geboren wurde, Porto und Braga. Miriam erinnert sich, wie eines Tages eine Gruppe von Bauern aus einem abgelegenen Dorf namens Valdozende bei ihnen erschienen, die einen Pfarrer suchten. Sie waren alle – noch – katholisch, jedoch bereit, sich auf ein Experiment einzulassen.

Seit ca. 1500 gab es in Valdozende eine Kirche. Im Jahre 1971 hatte sich der katholische Priester mit der Gemeinde überworfen. Weiter unten im Tal sollte ein Staudamm gebaut werden. Ingenieure und Facharbeiter wurden erwartet. Dort wollte er eine neue Kirche bauen. Er zog tatsächlich weg, verkaufte das Pfarrhaus und ließ die Gemeinde verwaist zurück. Dass der Priester sich nicht an den Zölibat hielt, hatte niemanden groß gestört, aber dass nun niemand mehr da war, um zu taufen, zu trauen oder zu beerdigen war ihnen ein echtes Problem. Die Gemeinde wandte sich an den Bischof von Braga – keine Antwort. Dann an den Kardinal-Patriarchen von Lissabon – keine Antwort. Schließlich an den Papst, von dem sie auch nichts hörten.

Valdozende liegt abgelegen in den Bergen, in einer typischen Auswanderergegend. Hin und wieder kam jemand aus Frankreich oder Kanada auf Besuch zurück. Einige von ihnen berichteten, es gäbe neben der katholischen Kirche noch andere Kirchen und die seien gar nicht so anders. Jemand erzählte, er sei in Porto schon einmal an einer solchen Kirche vorbeigefahren. So beschloss man, dieser Sache einmal nachzugehen.

Miriams Eltern waren schnell entschlossen.

Der Vater war sehr klein. Die Mutter ebenfalls. So stellten sich beide auf einen Tisch mitten im Feld, damit alle sie sehen konnten und gestalteten gemeinsam einen Freiluftgottesdienst. Das war die Probepredigt. Die Gemeinde war begeistert und so zog die Familie aus der Stadt ins abgelegene Bergdorf. Auch für Miriam begann nun ein völlig anderes, extrem einfaches Leben. Toiletten waren unbekannt. Die Kinder liefen vom Nabel abwärts nackt herum. Sie trugen weder Hosen, noch Schuhe oder gar Strümpfe. Die Wege waren nicht gepflastert und natürlich gab es keinen Arzt. Einkaufen konnte man im weiten Umkreis nicht.

Das größte Problem jedoch war die Unwissenheit der Menschen vielen Dingen gegenüber. „Wir haben gegessen und sind trotzdem vor Hunger gestorben." An diesen Ausspruch erinnert sich Miriam. Alle waren fehlernährt. Besonders für die Kinder war das verhängnisvoll. Viele von ihnen starben sehr früh.

Trotzdem spricht Miriam von einer glücklichen Zeit. Sie empfand das Leben im Bergdorf als Freiraum. In der kirchlichen Kinder- und Jugendarbeit aufgewachsen, die sie selbst als damals antiquiert bezeichnet, hatte sie sich stets als Außenseiterin gesehen. Ihre Schulkameradinnen empfanden sie als altmodisch.

Im abgelegenen Dorf nun herrscht eine ungeheure Aufbruchstimmung. Auf der Tenne hatten die ersten Gottesdienste stattgefunden. In einer Scheune bekannten sich die Ersten zum neuen Glauben.

Gleich im ersten Jahr luden die Eltern zu einem Feriencamp nach Valdozende ein. Lusitanische und methodistische Jugendliche kamen in großer Zahl, und die Dorfbewohner sahen, wie lebendig evangelische Kirche ist. Die Jugendlichen packten bei Aufbauarbeiten an. „Wichtiger aber war, dass sie mit den Leuten über Hygiene, Ernährung, Sexualität und Kindererziehung sprachen. Jugendliche können das unbefangener und offener als Erwachsene. Durch diese Jugendlichen, die sangen, beteten und über alles sprachen, wurde den Leuten lebendig vorgeführt, was Protestantismus ist. Das war viel besser als wenn meine Eltern lange Vorträge gehalten hätten."

Es war die Zeit der Diktatur. So viel Aufbruchstimmung war verdächtig. Mit verdeckten Agenten war die Geheimpolizei PIDE immer dabei.

Miriams Eltern lebten ihren Glauben und überzeugten damit. Die Dorfbewohner liebten die neuen, schwungvollen Lieder. Sie stellten fest, dass der evangelische und der katholische Glaube gar nicht so weit voneinander entfernt sind.

Arminda und Francisco waren keine Ikonoklasten. Die Heiligenfiguren wurden nicht verboten. Die Leute merkten bald, dass sie keine brauchten, dass die Figuren nichts konnten, was Gott nicht viel besser gekonnt hätte. Ebenso ging es mit den verbreiteten Gelübden. Sie wurden nicht verboten, aber die Menschen merkten, dass es besser war, auf Gott zu vertrauen und sein Leben in manchen Dingen umzustellen. Anstatt zu sagen: „Wenn Gott dieses Kind überleben lässt, pilgere ich nach Fatima, die letzten Kilometer auf Knien", erhöhten sie nun die Lebenserwartung des Kindes durch gesunde Ernährung und die Beachtung von Hygieneregeln. Der Glaube konnte sich nun fröhlicher und freier entwickeln.

Das geistliche Leben wurde begleitet von tätiger Hilfe. Kinderkrippe und Kindertagesstätte wurden eingerichtet. Einmal im Monat kam ein protestantischer Zahnarzt, der seinen Schwager, der Arzt in Porto war, mitbrachte. Eine Gesundheitskasse wurde eingerichtet, in die jeder einzahlte, um die Ärzte zu finanzieren, die einen sehr geringen Lohn nahmen. Wer nicht einzahlte, musste bei den Behandlungen mehr bezahlen.

Die Lebensumstände blieben aber noch lange hart für die Familie. Die Mutter musste oft wegen ihrer Gesundheitsprobleme nach Porto. Ein umständliches Unterfangen, da erst 1978 das erste Auto mit amerikanischen Spenden (Dr. Testa) angeschafft werden konnte.

So seltsam es klingt, in Valdozende öffnete sich für Miriam die weite Welt. Es gab viele internationale Jugendbegegnungen, sie lernte Englisch und Französisch und begann sich zuhause zu fühlen in der weltweiten Gemeinschaft der Christen. Freundschaften fürs Leben entstanden, auch nach Deutschland.

Als besonderes Schlüsselerlebnis bezeichnet sie eine ökumenische Begegnung in Frankreich 1978. In Montbeliard trafen sich orthodoxe und evangelische Jugendliche aus ganz Europa. In den sechziger und siebziger Jahren hatte in der Jugendkultur ein Zeitsprung stattgefunden, wobei die kirchliche Jugendarbeit zum Teil in den fünfziger Jahren stehen geblieben war. Die Spiritualität der Jugend aber wandte sich in Richtung Indien und noch weiter östlich. Die Hippie-Kultur tat ihr Übriges. Auch Miriam ließ sich etwas von der Suche nach Wahrheit und Freiheit erfassen. Alles sollte neu und anders sein.

„Und dann kam jener orthodoxe Osternachtgottesdienst. Nichts war neu. Eine uralte christliche Liturgie. Ich habe Gott gespürt, Jesus als meinen Begleiter und Freund wiederentdeckt. Wir alle hatten Kerzen in der Hand. Weihrauch schwang durch die Luft. Ich werde nie vergessen, wie der Priester zu jedem einzelnen von uns kam, um uns zu sagen, dass Christus auferstanden ist. Ein Fest der Freude, bei dem Europa zusammenrückte."

Zu dieser Tagung war sie von Eunice Alves mitgenommen worden. Nur wenige Jahre älter als Miriam, wurde sie für diese sehr wichtig. 1974 begann Eunice Alves, die zur Presbyterianischen Kirche gehörte, im Theologischen Seminar mit dem Theologiestudium. Sie wurde von der Kirche unterstützt und sie wäre die erste evangelische Pastorin auf der Iberischen Halbinsel geworden, hätte sie nicht kurz vor dem Ziel die Ordination aufgeschoben. (Es gab, genau wie bei den ersten spanischen Pastorinnen, zur selben Zeit wohl persönliche Anfeindungen!). Inzwischen ist auch Eunice Alves Pastorin. Immer wieder erwähnt Miriam ihren Namen. Auch Eunice Alves hat neben der Theologie noch andere Fächer studiert. Kunst und Gesang im Nationalkonservatorium. Sie übernahm unterschiedliche Ämter in der Presbyterianischen Kirche, bevor sie 1986 von Lissabon nach Valdozende zog, um dort mit ihrer Familie zu leben. 1992 wechselte sie zur methodistischen Kirche, in der sie Funktionen auf nationaler und internationaler Ebene übernahm.

Im Wintersemester 1979/80 begannen Miriam Lopes und die Angolanerin Idalina Sitanela mit dem Theologiestudium. Beide wurden durch ihre Kirchen unterstützt. (Idalina gehörte der Igreja Evangelica Congregacional de Angola an.) Idalina Sitanela beendete 1985 ihr Studium und begann mit der praktischen Arbeit (bei uns würde man sagen Vikariat) in Portugal, weil sie wegen der Bürger-

kiegswirren nicht in ihre Heimat Angola zurück
konnte. Ein Großteil ihrer Familie war dort umge-
bracht worden.

Miriam Lopes war weiterhin sehr aktiv in der Jugendarbeit. Dabei gab es eine Zusammenarbeit von
Presbyterianern, Lusitanern und Methodisten. Die
endgültige Entscheidung, Pastorin zu werden, zögerte sich noch hinaus. Von den Eltern wusste sie
sehr genau, wie reich an Opfern dieses Leben war.
So begann sie parallel zum Theologiestudium mit
dem Studium der Geschichte an der Universität
Lissabon.

1989 bewarb sie sich bei der Kirche mit Bitte um
Anstellung als Pastorin. Bis zum 31. Oktober 1993
dauerte es noch, bis sie als erste Frau in Portugal
ordiniert wurde. „Für mich, die ich in einem Land
lebe, in dem der Protestantismus kaum bemerkt
wird, ist es sehr wichtig, dass Rev. Kathleen Richardson, die mich ordinierte, von der englischen
Königin in den Adelsstand versetzt wurde, dass die
Arbeit dieser Kirchenführerin, die stets unter großem persönlichen Einsatz wirkte, anerkannt wurde."

Zunächst war sie Pastorin an der Igreja da Moita.
Einige Zeit später suchte die Angolanische Methodistische Gemeinde in Lissabon einen Pfarrer. Sie
folgte dem Ruf dorthin. In der Gemeinde rührte es
sie besonders, ehemalige Schüler ihrer Eltern aus der
Quessua-Malanje-Mission in Angola anzutreffen.
Ihr Vater Fernando Abel Lopes erlebte dies leider
nicht mehr. Er war 1991 gestorben. Die Mutter Ar-
minda empfand große Freude über die Arbeit ihrer
Tochter. Sie starb 1997.
Im Jahre 1997 trennte sich Miriam von ihrem ersten
Ehemann, mit dem sie zwei Kinder hat. 2000 heiratete sie den Angolaner Vicente Agostinho aus ihrer
Gemeinde. 2001 wurden Zwillinge geboren. Ihr

Mann bekam in Portugal keine Arbeit und ist seit einigen Monaten in Angola.
Miriam schließt gerade ihr Geschichtsstudium ab.

Pastorin Miriam Lopes mit ihren zwei jüngsten Kindern

Wie sehen ihre Perspektiven für die Zukunft aus? Obwohl in Angola die Landminen noch immer ein großes Problem darstellen, möchte sie gern dort mit ihrem Mann und den Kindern leben. Das kirchliche Leben sei dort dynamisch und lebendig, wie sie es auch in den Aufbruchsjahren in Valdozende erlebt hat. Sie kann sich dort eine Stelle an der Universität vorstellen.

Afrika – wo einst ihre Eltern mit ihrer Arbeit für Jesus Christus begannen.

Nach dem iberischen Volksstamm der Lusitanier nannten die Römer ihre Provinz, das heutige Portugal, Lusitanien. Wo heute Porto liegt, an der Mündung des Douro in den Atlantik mit schützenden Buchten und sicheren Ankerplätzen, hatten schon Kelten und Iberer gesiedelt. Der Ort hiess Cale, der keltiberische, gallische Hafen. Die Römer fügten ihr Wort für Hafen hinzu, so dass man seit dem 4. Jahrhundert n. Chr. von Portucale spricht. Später tauchte der Name für die ganze Douro-Region auf. Von hier aus wurden immer mehr Gebiete von den Mauren zurückerobert. Aus Portucale entstand schliesslich Portugal.

Porto

Lydia war eine neugierige und offene Frau. Der Handel mit der Luxusware Purpur hatte ihr Wohlstand und Unabhängigkeit geschenkt. Sie ließ sich mit ihrem Haus taufen, aber das war erst der Anfang. „Kommt in mein Haus und wohnt dort!"
Paulus und seine Gefährten nahmen gern an und so wurde das Haus der Purpurhändlerin zum Zentrum der entstehenden Gemeinde.

Alle zwei Wochen findet bei Mechthild Burmester eine Bibelstunde statt. Lydia, die erste Europäerin, die sich „mit ihrem Haus" dem christlichen Glauben zuwandte, ist Thema, als ich die Gruppe besuche. Frau Christa Eisele ist die theologische Seele des Kreises.

Entscheidungsfreudige Geschäftsfrauen sind in Porto nichts Unbekanntes. Da die Gemeinde nur in kurzen Phasen ihrer Geschichte einen Pfarrer hatte, waren es hier Frauen wie Lydia, die die Gemeinde zusammenhielten, ihr einen Treffpunkt boten.
In Porto wird nicht mit Purpur gehandelt, aber tiefrot ist die begehrte Ware auch: der Portwein.

Die Geschichte der Burmesters in Porto kann fast dreihundert Jahre zurückverfolgt werden. Eine angesehene, alteingesessene Familie, deren Wurzeln sich jedoch in Mölln finden. Dort spielten die Burmesters eine führende Rolle, z. B. als Bürgermeister. Die Beziehungen der Stadt Porto zu den Hansestädten an der Nordsee und im Baltikum reichen zurück ins Mittelalter und werden nach der Entdeckung des Seeweges nach Indien noch vertieft.

Noch heute wird in der Stadt Hamburg der „Goldene Portugiese", eine Münze, die 1499 bis 1502 während der Herrschaft König Manuel I. geprägt wurde, als Auszeichnung an verdiente Bürger vergeben.

Johann Andreas Augustin Burmester zog aus Mölln in die aufstrebende Hafenstadt Hamburg und gründete eine Handelsfirma. Sein jüngster Sohn aus dritter Ehe, Johann Wilhelm Burmester, verließ aus wirtschaftlichen Gründen im Alter von 22 Jahren Hamburg, um sich in Porto niederzulassen. Am 14. Dezember 1834 ging er dort nach stürmischer Überfahrt des Seglers „Iris" an Land. Er gilt als Stammvater der heute in Porto lebenden Burmesters, obwohl der Name dort bereits seit 1730 bekannt ist. Der wegen Kriegswirren nach England ausgewanderte Zweig der Familie handelte bereits mit Portwein. In England waren sie zu großem Ansehen und Reichtum gekommen.

Die Weinkultur im Douro-Tal wurde wohl, ähnlich wie in anderen europäischen Weinregionen, durch die Römer eingeführt. Infolge der Abgelegenheit der Region hatte der Weinbau jedoch erst ab der zweiten Hälfte des 17. Jahrhunderts eine echte Bedeutung, hauptsächlich durch die Engländer. Sie setzten dem gärenden Most Weinbrand zu, um ihn für den langen Transport nach England haltbar zu machen, und erfanden so den Portwein. Das Weinbaugebiet des Douro gilt als eines der ältesten abgegrenzten Weinbaugebiete der Welt.

Burmester heiratete 1847 die Schwester des Konsuls der freien und Hansestadt Hamburg, Nanny Katzenstein, in der British Chapel zu Oporto. Nach einem erfolgreichen Leben wurde er an einem stürmischen Februartag von einer Welle fortgerissen und erst drei Tage später weit entfernt an Land gespült. Sein ältester Sohn mit dem bedeutungsvollen Namen Gustav Adolf trat seine Nachfolge an.

Gustav Adolf nun lernte die erst 16 Jahre alte, außerordentlich schöne Maria Henriqueta Leite Guedes bei einer Theateraufführung in Porto kennen. Die Heiratsvorbereitungen gestalteten sich schwierig. Während seine Geschwister protestantisch geheiratet hatten, was unter Ausländern überhaupt kein Problem darstellte, bestand Maria Henriqueta auf einer katholischen Trauung. Da beide aus Familientradition ihren jeweiligen Glauben nicht aufgeben wollten, musste ein päpstlicher Dispens eingeholt werden, und um den zu erhalten, musste Gustav Adolf darin einwilligen, dass künftige Kinder aus dieser Ehe im katholischen Glauben erzogen würden. Er erklärte sich notgedrungen damit einverstanden. Seine Mutter, Nanny Burmester, war streng evangelisch und litt sehr an dieser Situation. Eines frühen Morgens brachte sie ihre kleine Enkelin heimlich in die englische Kirche und ließ sie evangelisch taufen. Auf diese Weise brauchte ihr Sohn sein Versprechen nicht zu brechen, da er offiziell nichts davon wusste.

Frauen aus der Familie Burmester waren Stützen der Deutschen Evangelischen Kirchengemeinde zu Porto, die 2001 ihr 100-jähriges Jubiläum feiern konnte. Seit 1925, dem Jahr des schwierigen Neubeginns der deutschen Gemeinde nach dem Ersten Weltkrieg, setzte sich Margarete Burmester tatkräftig für die Gemeinde ein. In ihrem Haus erhielten die Pfarrer aus Lissabon gastfreundliche Unterkunft. Dort fanden Konfirmandenstunden, Gemeindevorträge und sogar Gottesdienste statt. Außerdem verwahrte sie das Harmonium, einen im Gottesdienst benutzten Teppich, den zerlegbaren Altar mit Kanzel, das Kruzifix und die Gesangbücher. Der Altar mit Kanzel stammt aus der Anfangszeit der Gemeinde. Er wurde von den Schwestern Magdalene und Luise von Hafe gestiftet und hat alle Wirren des letzten Jahrhunderts überstanden. Heute stehen Altar und Kanzel im neu erbauten Gemeindehaus (unter anderem mit großzügiger Hilfe des GAW erbaut) und

wurden so zum anschaulichen Symbol für die Geschichte der Deutschen Evangelischen Gemeinde zu
Porto.

Der Altar der evangelischen Kirche zu Porto

Zur Ausgestaltung des Kirchenraumes malte sie auf
Wunsch des Pfarrers ein Bild des sinkenden Petrus.
Viele Jahre arbeitete sie im Gemeindekirchenrat mit,
ebenso wie später ihre Tochter Herta Gloystein.
Diese übernahm sämtliche Aufgaben der Mutter
nach deren Tod: Sie nahm die Pfarrer auf, verwahrte
die Abendmahlsgeräte, führte das Kirchenbuch und
erledigte die Korrespondenz der Gemeinde. Bibel-
abende fanden statt.

Nun ist Mechthild Burmester, eingeheiratet in einen
anderen Zweig der großen Familie, Gastgeberin der
Bibelstudienrunde, in welche Christa Eisele ihre
theologischen Kenntnisse als Religionslehrerin ein-
bringt. Mechthild Burmesters portugiesischer Mann
ist der letzte Burmester, der auf der ererbten Quinta
(Landgut) Wein anbaut und verarbeitet, nachdem
die Firma nicht mehr in Familienbesitz ist.

Im Jahre 1992 entwickelte sich der Wunsch, eine Bibelrunde zu gründen, die gleich den Charakter einer ökumenischen, christlichen Gruppe annahm. Frauen mit deutschem oder portugiesischem Pass treffen sich um „anhand der Bibel das Wort Gottes zu überdenken und zu realisieren, worum es in diesem Leben grundsätzlich wirklich geht". (Christa Eisele in: Festschrift)

Bibelkreis

Alle Frauen haben wechselvolle Geschichten hinter sich. Anneliese Arraujo, deren Vater als Hamburger Protestant 1925 nach Lissabon kam, heiratete dort eine katholische Portugiesin. Die Mutter ging in die evangelische Kirche mit. Als Protestantin durfte Anneliese Arraunjo später in der Familie ihres portugiesischen Mannes kein Patenamt übernehmen.
Marie Luise Leucht lernte ihren Mann in Moçambique kennen, wo sie bei Lady Smith für die Berliner Mission arbeitete. Sie erinnert sich, dass Pastor Schiele einmal im Jahr Gottesdienst in Monapo hielt. An diesem Tag wurde getauft, konfirmiert und getraut. Bei einem dieser seltenen Festtage wurden auch ihre Kinder getauft.

Ihr Mann war in Lissabon geboren und dort als erster Täufling in der (mit finanzieller Zuwendung durch das GAW) neu errichteten deutschen Kirche getauft worden.

1974 musste Familie Leucht aus Moçambique flüchten, wo sie als Farmverwalter gearbeitet hatten. Portugal schickte nach der Revolution vom 25. April 1974 seine Überseekolonien in die Unabhängikeit. In Portugal bauten sie eine Kiwi-Plantage auf.

Marianne Wedel ist, wie sie selbst sagt, „auf dem Blatt katholisch, weil ich nichts unternommen habe". Im Münsterland katholisch geheiratet mit einem evangelischen Mann, ließen sie später die Kinder evangelisch taufen. Da sie bei der Trauung hatte unterschreiben müssen, die Kinder katholisch taufen zu lassen, fühlte sie sich nun exkommuniziert. Diesen Ausdruck hörte ich oft von Frauen, die katholisch waren und sich der evangelischen Kirche zuwandten.

Nun ist sie, gemeinsam mit ihrem Mann, sehr aktiv in der Verwaltung und der Versorgung des evangelischen Gemeindezentrums.

Elisabeth Hagmann, eine katholische Schweizerin, fand über eine Empfehlung durch die Gesandtschaft zur Bibel. „Von der Bibel hatte ich praktisch keine Ahnung und entdecke sie gerade."

Ein besonderes Erlebnis hatte Solveigh Dick Guimaraes. Nicht etwa in Portugal, sondern in Rheine, wo sie geboren wurde. Während des Krieges hatten ihre Eltern dort geheiratet. Der Vater fiel bald und so hatten sie keine Gelegenheit mehr, kirchlich zu heiraten. Als die verwitwete Mutter Solveigh katholisch taufen ließ, erhielt sie einen Taufschein, auf dem anstatt des richtigen Kindsnamens Solveigh Dick, Barbara W. stand. Als die Mutter den Priester darauf ansprach, antwortete dieser, Solveigh sei kein christlicher Name, deshalb habe er den der Heiligen des Tages für das Kind gewählt, und die Mutter habe schließlich nicht kirchlich geheiratet, deshalb sei sie nach Ansicht der katholischen Kirche noch ledig und heiße W. Bleibt noch zu erwähnen, dass auch die Mutter einen anderen Vornamen verpasst bekam, der dem Pfarrer christlicher erschien als ihr tatsächlicher.

Geschichte der deutschen evangelischen Gemeinde in Porto

In der alten Handelsstadt an der Mündung des Douro gab es seit langer Zeit Deutsche, die dort ihren Geschäften nachgingen. Weil die meisten aus Norddeutschland stammten, waren sie traditionsgemäß evangelisch. Bevor es eine deutsche Gemeinde gab, fanden sie Aufnahme in der anglikanischen oder der portugiesischen methodistischen Gemeinde. Heute findet man noch Grabsteine mit Namen deutschsprachiger Portoenser auf dem englischen Friedhof, wie Burmester, von Hafe, Katzenstein, Moller, van der Niepoort usw.

Selten erschien ein deutscher Pfarrer aus Lissabon in Porto. Erst durch die Eisenbahnverbindung zwischen Lissabon und Porto, die die Reise auf circa 15 Stunden verkürzte, wurden die kirchlichen Kontakte reger.

Mit dieser losen Verbindung mit der Lissabonner Gemeinde waren die Protestanten in Porto lange zufrieden. Hin und wieder kam der Wunsch nach einer eigenen Kapelle auf. Frau von Hafe – wieder ist es eine Frau – stiftete 200 Milreis, aber die kleine Gemeinschaft hatte nicht die Mittel für eine eigene Gemeindegründung. Als die Idee einer Verbindung von Schul- und Gemeindegründung aufkam, änderte sich die Situation.

Durch Fürsprache des Lissabonner Pfarrers Friedrich Boit sagte das Auswärtige Amt eine Reichsbeihilfe von 3 000 Reichsmark jährlich zu. Hilfe gab es vom Preußischen Evangelischen Oberkirchenrat. Für die ersten drei Jahre versprach das GAW, diese evangelische Minderheitskirche mit 500 Mark zu unterstützen.

So wurde am 6. September 1901 die Evangelische Deutsche Kirchen- und Schulgemeinde zu Porto gegründet.

Erster Pfarrer wurde Martin Richter, der seit 1900 als Pastor und Lehrer für die Schule der deutschen Glasmacher in Amora bei Lissabon nach Portugal gekommen war. Pfarrer Boit und der Gesandte Graf Tattenbrode überredeten ihn zu einer Probepredigt in der methodistischen Kirche, nach der er augenblicklich zum Pfarrer und Schulleiter in Porto gewählt wurde. Am folgenden Sonntag trat er seinen Dienst bereits an. So schnell ging das damals.

Die Kirche war, wie heute, international. Ihre Mitglieder waren Deutsche, Portugiesen, Holländer, Norweger und Schweizer. 1911 wurde die Gemeinde an die Evangelische Landeskirche der alten Provinz Preußen angeschlossen. Doch die Existenz dieser preußischen Auslandsgemeinde währte nur bis zum Eintritt Portugals in den Ersten Weltkrieg 1916. Alles deutsche Eigentum wurde sofort beschlagnahmt. Alle Deutschen unter 45 Jahren mussten innerhalb von 48 Stunden das Land verlassen oder wurden interniert. Die meisten gingen nach Spanien. Nach ihrer Rückkehr erhielten die Familien ihren beschlagnahmten Besitz nicht wieder. Sie mussten ganz neu anfangen. So ging es auch der Kirchengemeinde. Das Kirchenbuch, die meisten Akten und vieles andere war verloren gegangen. Nur das Lagerbuch, als Inventarliste der Gemeinde, und die Chronik der Gemeindegeschichte blieben erhalten und wurden von 1925 an als Kirchenbuch weiterbenutzt. Einen eigenen Pfarrer bekam die Gemeinde nicht mehr. So waren Persönlichkeiten gefragt, die sich besonders für das Gemeindeleben einsetzten und es zusammenhielten. Das war gleich zum Wiederbeginn der Gemeinde Margarete Burmester, dann ihre Tochter Herta Gloytein. Sehr aktiv und prägend war das Ehepaar Walter und Gisela Löbe.

Heute ist es das Ehepaar Peter und Christa Eisele. Frau Eisele arbeitete 27 Jahre als Religionslehrerin an der deutschen Schule, gab Konfirmandenunterricht und leitete den Kindergottesdienst. Sie gründete einen Frauenfrühstückskreis und einen Seniorenkreis.

Herr Eisele ließ sich zum Prädikanten ausbilden, nachdem er bereits ein Theologiestudium in der bayrischen Landeskirche abgeschlossen hatte. Er hält Gottesdienste und steht für Trauungen, Taufen und Beerdigungen zur Verfügung.

Christa und Peter Eisele

So lebt diese Gemeinde mit ihren Bibel- und Hauskreisen, geistlicher Weiterbildung, mit Festen und Feiern, mit ihrer ökumenischen Offenheit und ihrem neuen Gemeindezentrum durch die tatkräftige Mitarbeit vieler Ehrenamtlicher.

Igreja do Mirante

IN DER HALLE DES HAUPTBAHNHOFS VON PORTO EMPFANGEN DEN BESUCHER MONUMENTALE KA-CHELBILDER, AZULEJOS, AUF DENEN VERSCHIEDENE FORTBEWEGUNGSMITTEL DARGESTELLT SIND.

AUCH DIE GEGENÜBERLIEGENDE CONGREGADOS-KIRCHE IST MIT AZULEJO-BILDERN GESCHMÜCKT.

EIN BESONDERES SCHMUCKSTÜCK IST DIE METHODI-STISCHE KIRCHE »IGREJA DO MIRANTE«. AUCH SIE IST MIT FLIESEN REICH VERZIERT.

OB INNEN ODER AUSSEN, IN DER PORTUGIESISCHEN ARCHITEKTUR ALLER LANDESTEILE SPIELEN AZU-LEJOS EINE BEDEUTENDE ROLLE, SIE SCHMÜCKEN HAUSWÄNDE, KIRCHEN UND PALÄSTE, ALTE DORF-BRUNNEN UND STATIONEN DER UNTERGRUNDBAHN.

DER BEGRIFF LEITET SICH VOM ARABISCHEN »AL ZULEIQ« AB, WAS SOVIEL WIE »KLEINER POLIERTER STEIN« BEDEUTET. EINE ANDERE THEORIE BESAGT, DASS ES AUF DEN NAMEN FÜR DAS PERSISCHE BLAU ZURÜCKGEHT. DIE FLIESENMALEREI WURDE VON

DEN MAUREN ÜBERNOMMEN. SIE BRACHTEN DIE KÜHLENDEN FLIESEN AUS IHRER NORDAFRIKANISCHEN HEIMAT AUF DIE IBERISCHE HALBINSEL. DAS BEDEUTENDSTE PRODUKTIONSZENTRUM WAR ZUNÄCHST SEVILLA. DA DER ISLAM FIGÜRLICHE DARSTELLUNGEN VERBIETET, ZEIGEN DIESE ERSTEN MEIST STERNFÖRMIGE, GEOMETRISCHE, MITEINANDER VERWOBENE MUSTER. KÖNIG MANUEL I. (⇨ MANUELINIK) BESTELLTE 10 146 DIESER KACHELN FÜR SEINEN PALAST IN SINTRA. AUCH DIEJENIGEN, WELCHE DIE WÄNDE DER ALTEN KATHEDRALE VON COIMBRA SCHMÜCKEN, WURDEN IN SEVILLA GEFERTIGT.

Siehe Seite 150 f.

BALD WURDE AUCH DIE PRODUKTION IN PORTUGAL AUFGENOMMEN, ZUNÄCHST IM MAURISCH-IBERISCHEN STIL. WINZIGE STEGE HIELTEN DIE FARBEN VONEINANDER GETRENNT. BALD KAM AUS ITALIEN DIE MAJOLIKA-TECHNIK. DURCH EINE UNTERGLASUR KONNTEN DIE KACHELN VERSCHIEDENFARBIG BEMALT WERDEN, OHNE DASS DIE FARBEN INEINANDER VERLIEFEN. NICHT NUR DIE TECHNIK – AUCH DIE MOTIVE ÄNDERTEN SICH. AUS ÜBERSEE BRACHTEN DIE ENTDECKER EXOTISCHE MOTIVE MIT: ELEFANTEN UND TIGER, SELTSAME VÖGEL UND PFLANZEN. ABER AUCH DIE HEIMISCHE FLORA UND FAUNA UND NATÜRLICH VIELE HEILIGE FINDEN SICH ALS ORNAMENT. GROSSE PANEELE ENTSTEHEN, AUS VIELEN KACHELN WIRD EIN GEMÄLDE. DAS ÄLTESTE, DATIERTE FLIESENPANEEL PORTUGALS (1565) STELLT »SUSANNA IM BADE« DAR. ES BEFINDET SICH IN DER QUINTA DA BACALHOA, EINEM DER ÄLTESTEN BEWOHNTEN HÄUSER PORTUGALS, 1483 ERBAUT, WO EINST DER SOHN DES BERÜHMTEN AFONSO DE ALBUQUERQUE, VIZEKÖNIG VON INDIEN, LEBTE. INDISCHE EINFLÜSSE KANN MAN HIER WIE ANDERNORTS FESTSTELLEN. ALTARBILDER WIE DAS DER GRAÇA-KIRCHE IN LISSABON WIRKEN WIE SCHWERE BROKATSTOFFE.

ABER AUCH SCHARFE KRITIK AN DER HERRSCHENDEN KLASSE WIRD AUF KACHELBILDERN AUSGE-

DRÜCKT, Z. B. IN DEN »MACACARIAS«, DEN AFFEN-
POSSEN, IN DENEN TIERE IN MENSCHENKLEIDUNG
DARGESTELLT SIND.

ENDE DES 17. JAHRHUNDERTS TAUCHEN HOLLÄNDI-
SCHE KACHELN IN PORTUGAL AUF UND SORGEN FÜR
EINEN NEUEN TREND. DIE WEISSGRUNDIGEN DELF-
TER KACHELN SIND MIT BLAUER FARBE BEMALT: MIT
SCHIFFEN, TIEREN, REITERN, PFLANZEN – KEINE
GROSSEN WANDBILDER, SONDERN VIELE KLEINE, NA-
IVE EINZELBILDER. DIE PORTUGIESEN ÜBERNEHMEN
DIESE KLEINEN MOTIVE UND FÜGEN EIGENE HINZU.

IM PALACIO DE FRONTEIRA, IN DEM EINE ZEIT LANG
GERARD DE VISME UND MARIANNE, TOCHTER DES
MARQUIS DE MAGANS, LEBTEN, FRANZÖSISCHE HU-
GENOTTEN, DIE NACH ENGLAND GEFLÜCHTET UND
SPÄTER IN PORTUGAL ANSÄSSIG WURDEN, KANN MAN
NEBEN UNZÄHLIGEN ANDEREN ATTRAKTIONEN AUCH
BLAUWEISSE PORTUGIESISCHE AZULEJOS AUS DIESER
ZEIT SEHEN.

EIN PANEEL KAM ZU BESONDEREN EHREN: DAS
GROSSE PANORAMA VON LISSABON VON 1700, AUF
DEM AUF 22 METERN LÄNGE JEDES DETAIL DER
LISSABONNER STADTANSICHT FESTGEHALTEN WURDE.
NACH DEM VERHEERENDEN ERDBEBEN VON 1755
DIENTE DAS MONUMENTALBILD BEIM WIEDERAUF-
BAU VIELFACH ALS VORLAGE. WÄHREND DIE STADT
NEU ENTSTAND, STIEG DER BEDARF AN KACHELN SO
AN, DASS DER PREMIERMINISTER MARQUES DE POM-
BAL (1699 – 1782) EINE MANUFAKTUR GRÜNDETE, DIE
REAL FABRICA AM LARGO DO RATO.

EINEN BESONDERS GUTEN ÜBERBLICK ÜBER DIESE
KUNST ERHÄLT MAN IM »MUSEU NACIONAL DO
AZULEJO« IN DER MADRE DE DEUS-KIRCHE – ODER
IN DER LISSABONNER U-BAHN: DIE STATION »CI-
DADE UNIVERSITARIA« WURDE VON LISSABONS WICH-
TIGSTER KÜNSTLERIN MARIA HELENA VIEIRA DA
SILVA (1908 – 1992) GESTALTET.

FRIEDENSREICH HUNDERTWASSER BEMALTE MIT SEI-
NEN MOTIVEN DIE STATION »ORIENTE«.

Maria Emilia Martins Machado Linhares –
die Frau des methodistischen Bischofs

Emilia Linhares

Geboren wurde ich in Porto in einer römisch-katholischen Familie. Bis ich 12 Jahre alt war praktizierte ich auch meinen Kindheitsglauben. Als ich 15 war kamen mir jedoch Zweifel. Ich konnte mich mit vielem nicht mehr identifizieren. 1979 kam ich zu einer Gruppe baptistischer Jugendlicher. Eines Tages brachten zwei Mädchen ihren Bruder mit. Es war José Sifredo, mein jetziger Mann. Seine Schwestern leiteten eine baptistische Jugendgruppe.

Von da an besuchte ich den Gottesdienst in der methodistischen Kirche.

Als ich Sifredo kennen lernte, hörte ich, dass er sich Protestant nannte. Ich begann mich mit seinem Glauben zu beschäftigen und bald wurde er auch zu meinem.

Mein Vater war nicht einverstanden mit meiner Partnerwahl. Für ihn waren alle Protestanten Kommunisten. Es war ein Schock für ihn, dass sich seine Tochter in einen Theologiestudenten verliebt hatte, der zudem noch Gitarre spielte. „Der wird dich doch niemals ernähren können!"

Ich war überglücklich, als mein Vater zu meiner Hochzeit erschien. Bis kurz davor wusste ich nicht, ob er kommen würde. Vor der Hochzeit habe ich viel geweint. Wie gut war es da, als mein Vater nach der Trauung in der Kirche von Mirante in Porto sagte: „Ich habe nie etwas Schöneres gesehen!"

Wir lebten dann drei Jahre im Hause meiner Eltern, und sie freundeten sich sehr mit meinem Mann an. Ich machte eine biblische Ausbildung. 1983 gingen mein Mann und ich für ein Jahr nach England an das Cliff College. In diesem Jahr lernte ich alles über den Methodismus.

1986 kam eine neue Phase in unserem Leben. Wir wurden von der Kirche nach Valdozende geschickt, jenem Dorf in den Bergen, das 15 Jahre zuvor evangelisch geworden war. (➯ MIRIAM LOPES) Für uns war das eine riesige Umstellung unseres Lebens. Ein Bergdorf von 300 Einwohnern mit grauen Steinhäusern und steilen, holprigen Gassen. Natürlich liegt es in einer herrlichen Landschaft mit Wäldern, Flüssen und Seen. Aber wenn man nicht weiß, wo man frische Sachen einkaufen soll und kleine Kinder hat, für die es keinen Arzt gibt, dann macht man sich schon Sorgen.

Siehe Seite 66 ff.

Meine Arbeit war die Organisation des Sozial-Zentrums, d. h. Arbeit mit Kindern und älteren Menschen. Valdozende ist eine Auswanderergegend. Es gibt viele alte Menschen, deren Kinder in Frankreich, Deutschland oder Kanada leben.

Im Tageszentrum können sie zusammenkommen, erhalten drei Mahlzeiten und sind sogar in der Lage, durch das Erstellen von Handarbeiten etwas dazu verdienen.

Wir sind aber auch in die Häuser gegangen, zu denen, die gehbehindert oder einfach zu schwach waren, um in das Zentrum zu kommen. Bald haben wir diese Hilfe auch auf die umliegenden Dörfer ausgeweitet.

Die Menschen waren für diese Zuwendung sehr dankbar, da sie ja vorher vom katholischen Pfarrer praktisch aufgegeben worden waren. Er hatte die Kirche geschlossen und verkauft und war mit seiner Familie (!) – wir leben in einem romanischen Land, wo den Männern, selbst wenn sie Priester sind, gewisse Bedürfnisse zugestanden werden – in eine attraktivere Gegend am Stausee gezogen.

Auch der Bischof von Braga, den die verwaisten Dorfbewohner um Hilfe baten, ließ sie mit ihrem Problem allein. Er empfing sie noch nicht einmal.

Emigranten brachten die Bewohner auf die Idee, sich an die Protestanten zu wenden. Das taten sie auch mit Erfolg. Allerdings standen damals die Evangelischen aus unerfindlichen Gründen in dem Ruf, Kommunisten zu sein. Bald erschien die Polizei im Dorf und es gab tatsächlich Straßenkämpfe – die Frauen immer vorneweg.

Heute sind die Kontakte zur katholischen Kirche gut. Es war mehr ein persönlicher Konflikt. Der Priester war ein sehr schwieriger Mensch.

Als erste kamen Pastor Abel Lopes und seine Frau Arminda Lopes, deren Tochter die erste ordinierte Frau Portugals wurde. Ihre Fürsorge galt besonders den Kindern. Die Geburtenrate war hoch, aber ebenso die Kindersterblichkeit. Sie starben an Fehlernährung, Verbrennungen und Alkoholismus. Ich muss das näher erklären: Die Ernährung war völlig einseitig. Das Ehepaar Lopes führte Milchprodukte ein, wie zum Beispiel Käse, der lange hält, und zeigte, wie eine ausgewogene Ernährung aussehen kann. Die Eltern ließen die Herdfeuer an, wenn sie aufs Feld gingen. Immer wieder gerieten die kleinen Kinder in diese Feuer. Mit der Einrichtung einer Kindertagesstätte blieben die Kinder nun nicht mehr unbeaufsichtigt zurück.

Eine gefährliche Unsitte war es, Kindern ein Tuch mit Zucker, das in hochprozentigen Alkohol getaucht war, zum Lutschen zu geben. Es sollte sie ruhig stellen, brachte aber manches Kleinkind ins Grab. Auch dagegen gingen die Lopes vor.

Die Gefahren, die vom Alkohol ausgehen, kannten viele der Landbewohner nicht. So fahren noch heute im Landesinneren und in der Provinz Trasos-Montes (hinter den Bergen), von der Valdozende nicht weit entfernt liegt, die Bauern mit dem Traktor morgens früh bei der Dorfkneipe vor und frühstücken ein „Mata-Bicho" (töte das Tier). Es handelt sich dabei um einen hochprozentigen klaren Schnaps, der angeblich alle Bakterien töten soll, die bei der Feldarbeit lauern.

Als Sifredo und ich kamen, waren andere Probleme akut: die älteren einsamen Menschen und die Jugendlichen, die nur kurz zur Schule gingen. Mädchen halfen meistens schon früh im Haushalt. Mein Ziel war es, auch den Mädchen eine Ausbildung zu ermöglichen. So wurden zwei Appartments in Braga gekauft, wo Mädchen unterkommen konnten, um dort zu studieren. Eine Frau aus der Kirche begleitete sie, kochte und sorgte dafür, dass sie nicht „unter die Räder" kamen. Sonst hätten die Eltern sie niemals ziehen lassen. Inzwischen haben etliche ihre akademische Ausbildung abgeschlossen und arbeiten in ihren Berufen.

Daneben wurde in Valdozende mit Hilfe von Holländern eine Landwirtschaftliche Kooperative aufgebaut, um zu zeigen, wie man besser Getreide und Gemüse anbauen kann.

Es gibt sogar einen kleinen Supermarkt, in dem man das Nötigste kaufen kann. Früher brauchte man, da niemand ein Auto besaß, zehn Stunden bis Braga, um dort Einkäufe zu machen.

Die portugiesische Sozialversicherung fand die Qualität der Arbeit in Valdozende gut und fördert sie. Inzwischen gibt es einen Ableger des Projektes in Braga.

Bei den Frauen habe ich viel gelernt. Es gibt dort eine sehr aktive Gruppe. Früher durften Frauen abends das Haus nicht verlassen und sie hatten kaum eine Chance, sich zu bilden. Jetzt sind sie viel offener geworden. Mit Hilfe der Gustav-Adolf-Frauenarbeit wurde eine Werkstatt zur Herstellung von Leinen aufgebaut. Die älteren Frauen bringen den jungen die alten Techniken bei.

Manchmal fühlte ich mich aber trotz der Aufbruchstimmung depressiv und einsam. Die Frauen wussten viel über Kartoffeln und Kohl, aber nichts über die Bücher, die ich so sehr liebe. Ich war aus Porto gewohnt, schnell etwas einzukaufen, das fehlte. Hier war das völlig unmöglich. Es war schwierig, für die Schule Lehrer zu bekommen. Niemand wollte in diese verlassene Gegend.

Trotzdem fiel mir der Abschied schwer, als wir wieder wegzogen.

Nun arbeite ich seit elf Jahren in der kirchlichen Frauenarbeit, unterrichte in der Sonntagsschule und arbeite als Diakonin in kirchlicher Sozialarbeit.

Das Leben als Frau des Bischofs empfinde ich nicht anders als mein früheres Leben. Viele Kontakte, auch internationale, hatten wir schon in Valdozende. Ich habe mich an die verschiedenen Phasen in meinem Leben gewöhnt und immer meine eigene Arbeit in der Kirche gemacht. Eine sehr schwierige Zeit war allerdings die Entdeckung und Behandlung meiner Krebserkrankung. Die Therapie bekam mir überhaupt nicht und ich fühlte mich zum ersten Mal

in meinem Leben völlig hilflos und ausgeliefert.
Aber auch da hat Gott mir beigestanden.
Wichtig geworden ist mir in all den Jahren das
Gebet, das uns in der Frauenarbeit begleitet und das
wir oft gemeinsam beten:

Schöpfergott
Eingehüllt in Deine göttliche Liebe,
genährt durch Deinen Sohn Jesus Christus,
aufgefordert durch Deinen Heiligen Geist,
sind wir in der Welt, um Frieden zu bringen
und Gerechtigkeit, Versöhnung in der Liebe,
und Hoffnung für Dein ganzes Volk.

Möge sich unser Leben weiten und wachsen
Wie die Äste des Lebensbaumes,
und Früchte der Einheit und Liebe tragen.
Wir preisen und danken
Unserem Herrn und Retter
Jesus Christus.
Amen.

aus: Portugal und die Portugiesen
Ein Gemälde des Landes und der Nazion
Berlin, bei Friedrich Braunes, 1810

EIN PFAFFE, EIN MÖNCH ODER EIN WELTGEIST-
LICHER IST JEDEM HAUSE UNENTBEHRLICH. SIE LEN-
KEN KÖPFE UND HERZEN NACH GEFALLEN, UND BE-
HERRSCHEN DIE FAMILIEN MIT EINEM EISERNEN
SZEPTER; SIE MACHEN DIE UNTERHÄNDLER ZWI-
SCHEN DEN PARTEIEN DES HAUSES AUS, VERMITTELN,
BERUHIGEN UND ORDNEN AN, UND NEIGEN SICH GE-
WÖHNLICH PARTEIISCH AUF DIE SEITE DES SCHWÄ-
CHEREN, DES SCHÖNEN GESCHLECHTS; SIE STIFTEN
DIE EHEN UND HABEN OFT NICHT GERINGEN ANTEIL
AN DEN ZWISTIGKEITEN, DIE SIE NACHHER WIEDER
ZU VERMITTELN SUCHEN. AUSSERDEM HABEN DIE
HÄUSER DER REICHEN NOCH EINEN HAUSKAPELLAN,
DER DIE SÖHNE UNTERRICHTET UND DIE FRAU UND
DIE TÖCHTER BEGLEITET, WENN DIESE AUSGEHEN
ODER AUSFAHREN.

Unsere Kirche ist einmalig –
Dona Isabel, Diakonin der Lusitanischen
Katholischen Apostolischen Evangelischen Kirche
(Lusitanische Kirche)

Im Jahre 2005 feiert die Lusitanische Kirche Portugals ihr 125-jähriges Bestehen. Sie ist die einzige evangelische Kirche des Landes, die nicht aus dem Ausland kam. Ihre Gründung war eine Reaktion auf die ultramontane Strömung im Katholizismus, die zum Ersten Vatikanischen Konzil und dem Dogma der Unfehlbarkeit des Papstes führte. Diese stark konservative, antiliberale Bewegung erregte bei vielen Katholiken in aller Welt, so auch in Portugal, Widerspruch. Etliche katholische Priester verließen ihre Kirche und schlossen sich zunächst einer spanisch-evangelischen Kirche an, deren Glieder allerdings hauptsächlich Portugiesen waren. Bald entschloss man sich eine ausschließlich portugiesische Kirche zu gründen, die Igreja Lusitana Catolica Apostolica Evangelica.
In Deutschland entstanden aus dem selben Grund die Altkatholiken.

Bis kurz nach dem II. Weltkrieg betonte diese bischöflich geleitete Kirche vor allem ihren evangelisch-protestantischen Charakter, dann mehr ihre Verwandtschaft zur Anglikanischen Kirche Englands. Seit 1980 ist die Lusitanische Kirche Mitglied der Anglikanischen Kirchengemeinschaft. Die Oberhoheit der Gemeinschaft wird vom Erzbischof von Canterbury ausgeübt, Haupt aller anglikanischen Gemeinden, der den Vorsitz der Lambeth-Konferenz und des anglikanischen Rates führt. Die Lusitanische Kirche ist Mitglied des Ökumenischen Rates der Kirchen und der Konferenz Europäischer Kirchen.

Besonders wichtig war stets die Arbeit mit Kindern. Der Gründung einer neuen Gemeinde folgte stets die Einrichtung einer Grundschule. Dadurch sollte die hohe Analphabetenrate bekämpft werden. Auch die Sozialarbeit hatte immer einen wichtigen Stellenwert.

Der ungewöhnliche Name erklärt sich folgendermaßen:

LUSITANISCH: nach der römischen Provinz Lusitanien, auf deren Gebiet später das Königreich Portugal entstand. Lusitanien wird oft als poetisches Synonym für Portugal benutzt. Bereits vor Bestehen des Staates gab es eine autonome Kirche mit eigener Liturgie und eigenen Gesetzen, aber in voller Gemeinschaft mit den Kirchen anderer Regionen. In der späten Nachfolge dieser frühen Kirche fühlt sich die Lusitanische Kirche.

KATHOLISCH: hier als allgemein christlich gemeint. Auch Luther nannte seinen Glauben „catholica fides".

APOSTOLISCH: im Sinne von gesandt. Die Apostel waren die Gesandten. In Joh 20, 21 heißt es: „Wie der Vater mich gesandt hat, so sende ich euch." Die Kirche fühlt sich gesandt, um Zeugnis abzulegen und zu dienen.

EVANGELISCH: Weil sie das Evangelium, die Frohe Botschaft, verkünden darf, dass Gott alle Menschen liebt und ihnen seinen Sohn schickte.

Maria Isabel Almeida e Silva, Diakonin und Frau eines Pfarrers, berichtet aus ihrer Arbeit:

Vor etwa zwanzig Jahren begann ich meinen Dienst in der Lusitanischen Kirche als Lehrerin in der Sonntagsschule. Das war eine sehr beglückende Aufgabe. In ihrer einfachen, unmittelbaren Art verfügen die Kinder über einen großen Schatz, den sie mit mir geteilt haben. Viele Erlebnisse bereichern meine Erinnerung.

Ich habe mich bemüht, den Kindern das Gebet schmackhaft zu machen, sie für die Lektüre des Wortes Gottes zu begeistern; aber vor allem, sie zu motivieren, dass sie das Gehörte und Gelesene im täglichen Leben anwenden.

Neben der Arbeit mit den Jüngsten engagierte ich mich in der gemeindlichen Frauenarbeit in deren unterschiedlichen Bereichen: Sozialdienst, gesellige Treffen, geistige Fortbildung und Schmücken der Kirche.

1992 wurde ich Prädikantin. Von da an leitete ich Gottesdienste, was mir sehr viel Freude bereitete.

Die Frauen begannen sich zu der Zeit zu organisieren. Ziel war es, ein nationales Frauenreferat zu schaffen. Bis dahin hatte jede Gemeinde für sich gearbeitet.

Seit seiner Gründung leite ich das DMIL (Departamento de Mulheres da Igreja Lusitana). Unser Motto lautet: Wir wollen helfen, eine bessere Welt aufzubauen.

Wir wollen für die da sein, die unsere Solidarität und Fürsorge am meisten benötigen, Aktionen organisieren, um Gelder zu sammeln oder direkt tatkräftig helfen.

Das DMIL trifft sich auf ökumenischer Ebene zu Gottesdiensten und Aktionen mit methodistischen und katholischen Frauen.

Eine wichtige und aufwändige Aufgabe des DMIL ist die Vorbereitung und Durchführung von Freizeiten für Senioren, die sonst keine Möglichkeit hätten, in die Ferien zu fahren. Besonders wichtig ist uns und den Teilnehmern der spirituelle Aspekt dieser Tage.

Im Jahre 1997 wurde ich zur Diakonin ordiniert. Da sich seitdem meine Aufgaben im gottesdienstlichen Bereich sehr ausgeweitet haben, musste ich die Arbeit in der Sonntagsschule nach langen Jahren aufgeben.

Ich fühle mich als reich gesegnete Frau, privilegiert Gott und dem Nächsten dienen zu dürfen.

aus: Portugal und die Portugiesen
Ein Gemälde des Landes und der Nazion
Berlin, bei Friedrich Braunes, 1810

DIE SPRACHE DER PORTUGIESEN IST, WIE DIE SPA-
NISCHE, EINE TOCHTER DER LATEINISCHEN, ABER
MIT VIELEN ARABISCHEN WÖRTERN VERMISCHT.
DIE SPRACHE IST UNGEMEIN SANFT, SCHÖN UND SO
REICH, DASS SIE EINEN DEUTSCHEN ÜBERSETZER OFT
IN VERLEGENHEIT BRINGT. SELBST IN DEM MUNDE
DES GEMEINSTEN MANNES HAT SIE UNGEMEIN VIEL
WOHLGESITTETES UND ZIERLICHES. ES HERRSCHT
IN IHREN REDEN EIN GEWISSER ORIENTALISCHER
SCHWUNG, UND IN IHREN SCHILDERUNGEN LIEBEN
SIE POETISCHE ÜBERTREIBUNGEN.

Carolina Michaelis de Vasconcelos
(1851 bis 1925) – Eine Protestantin
als erste Professorin Portugals

In portugiesischen Geschichtsbüchern erscheinen, abgesehen von Königinnen und Heiligen, kaum Frauen. Schon gar nicht aus dem Bereich der Wissenschaften. Das wundert nicht in einem Land, in dem im Jahre 1900 noch 85% der portugiesischen Frauen Analphabetinnen waren.

Bis 1910 gab es eine gesetzliche Regelung, nach der eine Autorin nur mit Zustimmung ihres Mannes veröffentlichen durfte.

Eine Ausnahme bildet Carolina Michaelis de Vasconcelos. Ihr Name ist nicht nur in Gelehrtenkreisen bekannt. Auch eine Schule in Porto trägt ihren Namen.

Aus einer alten norddeutschen protestantischen Familie stammend, wurde sie am 15. März 1851 in Berlin geboren.

Mit sechzehn hatte sie bereits ihre Liebe zur Romanistik entdeckt. Sie beendete 1867 die Luisenschule in Berlin und war damit am Ende der Möglichkeiten angekommen, die das damalige öffentliche Bildungssystem für Frauen vorsah. Sie war nun auf sich gestellt, ihre Kenntnisse in den romanischen, indogermanischen und semitischen Sprachen zu erwerben.

Von ihr wird überliefert, sie habe eine „fast die Grenzen des Begreiflichen überschreitende Sprachbegabung" besessen.

1876 heiratete sie den portugiesischen Kunsthistoriker Joaquim de Vasconcelos und zog nach Porto. Damals war sie, obwohl erst 25, keine Unbekannte mehr. Sie korrespondierte mit Intellektuellen ihrer Zeit. So hatte sie auch ihren Ehemann kennen gelernt.

Hoch intelligent und gut vorbereitet begann sie bald mit der Veröffentlichung in Fachzeitschriften und machte dadurch auf sich aufmerksam.
Die Akademie der Wissenschaften in Lissabon nahm sie 1911 als erste Frau zum ordentlichen Mitglied auf.

In der Buchhandlung Lello in Porto treffen sich seit 1906 die Literaturinteressierten von Stadt und Land. Nicht nur Caroline Michaelis de Vasconcelos kaufte hier ihre Bücher, wie viele Gelehrte und Literaten ihrer Zeit. Viele Jahrzehnte später konnte man hier eine junge, noch unbekannte Autorin treffen, die gerade an ihrem ersten Buch schrieb, dessen Held Harry Potter heißt.
Joan K. Rowling arbeitete als Englischlehrerin und war mit einem portugiesischen Fernsehjournalisten verheiratet.

Im Jahre 1912 wurde Carolina Michaelis de Vasconcelos als erste Frau an einer portugiesischen Universität feierlich in ihr Amt als Professorin für Romanische und Germanische Philologie eingeführt.

Sie erhielt 1916 die Ehrendoktorwürde von der alt-ehrwürdigen Universität Coimbra, später auch von der Universität Hamburg.

Obwohl ihre Gesundheit bereits angegriffen war, fuhr sie von Porto jede Woche einmal nach Coimbra, um zu lehren. Am 18. November 1925 starb sie in Porto, betrauert von der Gelehrtenwelt in Portugal und weit darüber hinaus als unersetzliche Meisterin ihres Faches. In Meyers Lexikon von 1930 können wir unter ihrem Namen nachlesen: „... lieferte bahnbrechende Arbeiten zur portugiesischen Sprach- und Literaturgeschichte sowie zur portugiesischen Volkskunde ...".

Auch ihre 1849 geborene Schwester Henriette wurde bekannt. Ihre Wörterbücher sind in Portugal und Brasilien ein Begriff. Vergleichbar dem „Duden" gibt der Verlag Melhoramentos in São Paulo noch heute verschiedene Versionen des „Michaelis" heraus. Dessen ungeachtet wird sie in keinem einschlägigen Lexikon erwähnt.

Obwohl in Berlin geboren, zählen die Portugiesen Carolina Michaelis de Vasconcelos zu den wahrhaft großen Frauengestalten ihrer eigenen Heimat.

aus: Portugal und die Portugiesen
Ein Gemälde des Landes und der Nazion
Berlin, bei Friedrich Braunes, 1810

FANATISMUS kann dem Volke durchaus nicht zur Last gelegt werden. Toleranz gegen anders Glaubende und Denkende ist ihnen in einem hohen Grade eigen. Nicht leicht wird ein Fremder durch den Vorwurf der Ketzerei beleidigt, ungeachtet jeder Fremde für einen Ketzer gehalten wird. Selbst die Priester und Mönche sind höflich und zuvorkommend gegen die Fremden, und von den Damen werden sie höchstens mit dem Ausdruck: arme Schelme bedauert, weil sie, nach ihren Begriffen, als Ketzer ewig verdammt sind. Von ihrem General, dem Prinzen von Waldeck, sagen sie: Er war ein Ketzer, aber ein guter Mann, und allgemein ward es gebilligt, dass er auf dem Sterbebette es ausschlug, katholisch zu werden, denn ein jeder müsse in seiner Religion leben und sterben. Aber nicht der Inquisition, nicht den Priestern und Mönchen verdankt die Nation diese Toleranz, sondern einzig und allein dem häufigen Umgang und Verkehr mit den Briten und Ausländern.

Maria ging die Straße entlang. Aus einer offenen Tür tönte Gesang. Sie blieb stehen, horchte auf die eigentümlich beschwingten Kirchenlieder und trat schließlich ein. Anfangs verstand sie wenig. Es schien eine Kirche zu sein, aber so anders als die katholische, die sie kannte. Zuhause erzählte sie ihrer Familie von den Dingen, die sie gehört und gesehen hatte.

Sie beschloss, wieder dorthin zu gehen. Diesmal wurde sie von ihrem Mann und den Kindern begleitet und alle folgten staunend dem Geschehen. Die Bibel wurde gelesen und erklärt, fröhliche Lieder gesungen. Die Familie fühlte sich dort wohl, verstand aber erst viel später, dass dies eine protestantische Kirche war, die Igreja Evangélica Presbiteriana de Lisboa. Alle wurden noch einmal getauft, was damals üblich war, Maria, ihr Mann Berardo und die drei Kinder Albertino, Lídia und Cremilde. Letztere ist die Mutter der jetzigen Kirchenpräsidentin Eunice Leite und hat heute das gesegnete Alter von 92 Jahren. Sie hält sich nach wie vor treu zur presbyterianischen Kirche, obwohl sie schwere Zeiten von Verfolgung und Beschimpfungen hinter sich hat.

Eunice wurde Weihnachten 1938 geboren. Zu dem Zeitpunkt war ihre gesamte Familie bereits evangelisch: Großeltern, Eltern, Onkel und Tanten. Somit gehört Eunice bereits der dritten Generation an, was in Portugal durchaus nicht das Übliche ist, obwohl es in manchen evangelischen Gemeinden auch eine vierte oder gar fünfte Generation gibt.

Ihre Mutter, inzwischen ein eifriges Gemeindemitglied, brachte sie zur Sonntagsschule, bevor sie sprechen konnte. So begann ihr Leben in der Kirche, indem sie die biblischen Geschichten hörte. Getauft wurde sie von dem brasilianischen Missionar Rev. Pascoal Luis Pitta.

Als die Lehrerin sie im ersten Schuljahr fragte, was sie später einmal werden wolle, antwortete sie: „Missionarin in Afrika."
„Ah, du möchtest Nonne in einem Missionsorden werden."
„Nein, ich möchte heiraten und mit meinem Mann nach Afrika gehen."
Die Lehrerin war ratlos und unterhielt sich einige Tage später mit Eunices Mutter, um das Rätsel aufzulösen. Auch die Direktorin nahm an dem Gespräch teil, in dem die Mutter erklärte, sie seien Christen, und zwar Protestanten. Da sei es durchaus statthaft, zu heiraten und trotzdem in die Mission zu gehen.
Lehrerin und Direktorin verstanden und fanden die Sache durchaus lobenswert.
In der Schule interessierte sie sich besonders für Angola und Moçambique, die zu der Zeit zum Kolonialreich Portugals gehörten. Aus diesem Grunde wurden diese Länder bis 1974 sehr ausführlich im Geographie-, Politik- und Geschichtsunterricht behandelt.
Auf der weiterführenden Schule wurde der Wunsch, Missionarin zu werden, stärker. Durch das Erlernen von Französisch und Englisch wurde ihre Welt größer.

Der Familie fehlte das Geld für das Studium, aber eines Tages schlug ihr die Leiterin der Sonntagsschule vor, sich im Theologischen Seminar in Carcavelos bei Lissabon zu bewerben. Der Gedanke gefiel Eunice, zumal sie sich in einen Theologiestudenten verliebt hatte, dem ebenfalls vorschwebte, nach Afrika zu gehen.

Im Theologischen Seminar absolvierte sie die Ausbildung zur Lehrerin für christliche Erziehung (Directora de Educaçao Crista). Im Seminar erweiterte sich ihr Horizont. Sie fühlte sich mutiger und offener. Durch den Kontakt mit jungen Studenten aus Afrika empfand sie sich priviligiert und beschenkt. Afrika schien in erreichbarer Nähe.

Eunice studierte mit Rute Neto zusammen, deren Bruder Agostinho Neto damals schon eine Symbolfigur des angolanischen Widerstandes gegen die Kolonialherrschaft der Portugiesen war. Der Vater der Geschwister Neto war evangelischer Pastor und Lehrer, die Mutter Lehrerin. Agostinho studierte Medizin in Portugal unter großen Entbehrungen und mit einem kleinen Stipendium der amerikanischen Methodisten. Als Arzt kehrte er in seine Heimat Angola zurück. In Portugal und Angola wurde er mehrfach verhaftet. Er kämpfte mit Unterstützung der kommunistischen Länder, für die Unabhängigkeit seiner Heimat. 1975 wurde der Arzt, Dichter und Freiheitskämpfer Agostinho Neto erster Präsident des unabhängigen Angola.

Als Eunice José Leite heiratete, sah sie sich ihrer Sehnsucht nach einem Leben für den Glauben in Afrika sehr nah. Aber ihr Traum erfüllte sich nicht. Dafür schenkte ihr das Leben andere Dinge. Gottes Wege sind oft unergründlich.

Bei José Leite war der Wunsch, evangelischer Pfarrer zu werden im Hause seines Onkels gereift. In dem großen, offenen Pfarrhaus in Figueira da Foz verbrachte er oft seine Ferien. Der Onkel, Vieira da Silva, war, bis er sich entschloss zu heiraten, katholisch gewesen.

Die erste Person aus der Familie, die evangelisch wurde, war José Leites Großmutter mütterlicherseits , eine sehr resolute, aktive Frau. Seltsamerweise konvertierten in der Folgezeit alle Frauen der

Familie zum evangelischen Glauben, während fast alle Männer katholisch blieben.

José Leite wurde 1940 in Bebedouro evangelisch getauft. Seine Mutter war evangelisch, der Vater katholisch. Nach Absolvierung der Schule wollte er erst zur Handelsmarine, entschied sich dann doch für das Seminar. Mit 24 Jahren war er ordinierter Pastor in Bebedouro. Die Kirche hatte das junge Ehepaar gebeten, nach Abschluss des Studiums eine Zeit im Lande Erfahrungen zu sammeln, bevor sie nach Afrika gingen. Dieses Erfahrungen-Sammeln dauert bis heute an.

Im Verständnis der evangelischen Kirchen in Portugal ist Kirche ökumenisch, missionarisch und diakonisch – oder sie ist nicht Kirche im vollen Sinne. So haben von Anfang an die Ortsgemeinden, die sich jede einzelne als Kirche im vollen Sinne sehen, das gesellschaftliche, soziale Umfeld mit seinen jeweiligen Problemen in ihre Arbeit eingebunden.
Auf diese Weise entstanden so wichtige Projekte wie Bebedouro und Cova e Gala.
Auf dem Weg zu Eunice und José Leite besuchte ich Pastor Joao Severino Neto in Cova e Gala, der dieses Projekt aufgebaut hat. Zwei Fischerdörfer am Atlantik, südlich von Figueira da Foz, waren seine erste Gemeinde. Als junger Pfarrer kam er in diese verarmte Gegend. Jahrhundertelang hatte die Bevölkerung vom Fischfang gelebt. Die Erträge gingen jedoch durch Überfischung durch große spanische Schiffe immer mehr zurück. Die Gemeinde bemühte sich um ein verlassenes Schießgelände der portugiesischen Armee in den Dünen. Als dies endlich gelang, begann man mit dem Bau von Gewächshäusern. Was erst mit Skepsis betrachtet wurde, entwickelte sich zum Erfolg. Die Idee kam aus Israel. Bauern aus dem gesamten Umland kamen und lernten, wie man mit einfachen Mitteln

Gewächshäuser bauen kann. Von den Erträgen konnte die Gemeinde einen Kindergarten mit Krippe und Tagesstätte (180 Plätze) finanzieren.

In Bebedouro, einem Bauerndorf nördlich von Figueira da Foz, versuchte die Gemeinde ebenfalls gegen die Armut anzugehen. Mit viel Elan bauten Eunice und José Leite eine Milchgenossenschaft auf. Eunice machte die Buchhaltung und José, der noch zusätzlich ein Studium zum Agraringenieur in Coimbra absolviert hatte, leitete die Genossenschaft neben seiner Gemeindearbeit.

Da schon die Bezeichnung „Genossenschaft" für das diktatorische Regime verdächtig klang, war die Geheimpolizei PIDE ständig zu Gast.

Mit 20 Personen hatte das Projekt begonnen. Heute arbeiten 2 000 Menschen für die Genossenschaft, die einen großen Teil Nordportugals mit Milch und Milcherzeugnissen beliefert.

Eunice Leite, rechts, mit der Autorin

Eunice sagt von sich, sie sei die rechte und die linke Hand ihres äußerst umtriebigen Mannes gewesen. José war viel unterwegs, z. B. im Auftrag des Ökumenischen Rates der Kirchen und als Mitarbeiter der Konferenz Europäischer Kirchen (KEK) in Genf. Einige Erinnerungsstücke in der Wohnung in Figueira da Foz erinnern an Reisen und Begegnungen. Eine Ikone aus Silber war das Geschenk des albanischen Patriarchen. „Denen ging es noch viel schlechter als uns. In Albanien war das Christentum schlicht verboten. Die Kirche existierte komplett im Untergrund", erinnert sich José Leite. Auf den großen, internationalen ökumenischen Treffen fanden sich oft ungewöhnliche Freundschaften, die ähnliche Probleme zuhause hatten. So verstanden sich die portugiesischen Protestanten bestens mit den dänischen Katholiken, und die dänischen 98 %-Mehrheits-Protestanten mit den portugiesischen Katholiken.

Oft hatte José zu DDR-Zeiten mit Gregor Gysi zu tun, der für Kirchenfragen zuständig war. Enttäuscht war er von der Reaktion der Ostdeutschen auf die Öffnung. Im Gegensatz zu anderen Kirchen in ehemaligen kommunistischen Ländern blieben dort die Kirchen mit Beginn der Freiheit leer.

Während ihr Mann ständig unterwegs war, musste vor Ort die Arbeit weitergehen. Eunice machte den Führerschein und erwarb einen alten Fiat 500. Damit fuhr sie zu Frauentreffen, Fortbildungsveranstaltungen, sozialen Projekten. Besonders am Herzen lag ihr die Bildung von Frauen und Mädchen, denn oft wurden Jungen bei der Ausbildung vorgezogen. Noch heute gibt es 15 % Analphabeten.

Die Arbeit in Bebedouro fand nicht nur in Kirche und Milchgenossenschaft statt. Eunice besuchte die Gemeindeglieder zuhause. Bis weit in die 70er Jahre konnte es geschehen, dass sie, wenn sie nach der

Toilette fragte, in den Kuhstall geschickt wurde. Bei anderen deutete man auf große Pflanzen, hinter denen man sich erleichtern könne oder wies zum nächsten Pinienwald hinüber. Die Sommer ihrer Kindheit hatte Eunice bei der Großmutter auf dem Lande verbracht. Daher war sie nicht allzu schockiert. Trotzdem leistete sie Überzeugungsarbeit und sorgte dafür, dass nach und nach alle eine Toilette und Wasserspülung bekamen, was dazu führte, dass viele Infektionskrankheiten stark zurückgingen.

Ihre Arbeit wurde anerkannt, indem sie zur Ältesten (presbítera) ernannt wurde, einem kirchlichen Amt, das nur zwei Frauen innehatten. Ansonsten war es fest in männlicher Hand. Oft beteiligte sie sich an Gottesdiensten und teilte das Abendmahl aus. Heute gibt es dieses Amt nicht mehr. Das hängt damit zusammen, dass man sich von der amerikanischen Kirche weg entwickelt und mehr den europäischen Kirchen zugewandt hat.

1966 kauften die Frauen der IEPP ein Grundstück in Buarcos bei Figueira da Foz. Geplant war ein Ferienlager für arme Kinder dort einzurichten unter Federführung der Frauen. Bald änderte man die Pläne und sah eine größere Chance darin, dort ein ökumenisches Zentrum zu erbauen. Dank internationaler Hilfe gelang es, das Projekt umzusetzen.
1969 wurde es eingeweiht. Eine einmalige Einrichtung auf der Iberischen Halbinsel. Sogar die „New York Times" berichtete ausführlich darüber. Es sollte ein Begegnungs- und Versöhnungszentrum werden: Versöhnung mit Gott, Versöhnung zwischen den Menschen, Versöhnung mit der Natur und Versöhnung mit sich selbst. Zahlreiche Seminare, Konferenzen und Ferienlager haben dort stattgefunden, bis es vor Kurzem schließen musste – aus finanziellen Gründen.

Vor der Nelkenrevolution 1974 traf sich hier, unter dem Dach und Schutz der Kirche, die Opposition. Die Geheimpolizei war oft dabei. Da man sich aber gut kannte, wusste man immer, wer der PIDE-Mann war und sprach verdeckt, wenn er dabei war.

José Leite engagierte sich in der Opposition, was damals sehr gefährlich war. Eunice hatte ständig Angst um ihn. Einmal kehrte er aus Holland zurück mit Schallplatten der MPLA (angolanische Befreiungsbewegung) und vielen kompromittierenden Papieren. Weil sie Angst hatte, bei einer eventuellen Befragung unter Folter nicht standhalten zu können, warf sie die Papiere in die Toilette und zündete sie an. Es waren zu viele Papiere, die Schüssel hielt der enormen Hitzeentwicklung nicht stand. Sie platzte und Eunice musste möglichst unauffällig eine neue Toilette kaufen. Selbstverständlich konnte sie keinen Nachbarn zu Hilfe holen. Es hätte einen Erklärungsnotstand gegeben.

Als Eunice 36 Jahre alt war, durfte sie zum ersten Mal frei wählen.

Auf das Ökumenische Zentrum kam nach der Revolution und der Freigabe der Kolonien eine besondere Zeit zu. Von November 1975 bis Juni 1976 zogen etwa 70 „Retornados" dort ein, Rückkehrer aus den afrikanischen Ex-Kolonien. Eine Million Retornados mussten plötzlich in eine Gesamtbevölkerung von neun Millionen Portugiesen integriert werden. Eine extrem schwierige Aufgabe für das kleine, arme Land am Rande Europas. Für Eunice war dies eine schwierige, aber auch reiche Zeit. Sie kümmerte sich rund um die Uhr mit anderen Frauen um diese Menschen, die alles verlassen hatten, was bis dahin ihr Leben war (⇨ ALEXANDRA MARA FERREIRA DA SILVA)

Auf dem Gelände wohnten auf engem Raum Anhänger sich bekämpfender Volksgruppen zusammen. Sie einigten sich, dass wenigstens während der

*Siehe
Seite 177 ff.*

Mahlzeiten nicht gestritten werden sollte: „Keine Politik beim Essen".

Am ersten Weihnachtsfest haben alle geweint.

Heute noch sind, trotz aller Bemühungen, etwa 10 %, d. h. 100 000 Menschen, nicht in die Gesellschaft integriert. Viele leben in Slums am Rande Lissabons. Eines dieser Elendsquartiere liegt nahe an der Gemeinde von Algès, wo die angolanische Pfarrerin Idalina Sitanela arbeitet (⇨ SEHNSUCHT NACH AFRIKA)

Eunice Leite arbeitete an verschiedenen Stellen in der Kirche. Fast immer ehrenamtlich, manchmal mit geringer Entlohnung. Nicht immer war die Kirche in der Lage, etwas zu zahlen.

„Unsere Kirche ist verschwindend klein, trotzdem haben wir die Erfahrung gemacht, dass wir etwas bewegen können, in der Milchkooperative Bebedouro, in Cova e Gala, beim Einsatz für die Dritte Welt.

Sechs Jahre haben Leites in Genf gelebt. Eunice genoss das gute Zusammenleben verschiedener Nationalitäten und Religionen. Sie erteilte Französischunterricht für Kurdinnen und Türkinnen und fühlte sich sehr wohl in einer ökumenischen Gruppe von 35 Frauen aller Glaubensrichtungen.

Als sie nach sechs Jahren zurückkehrten, wurde José Leite Kirchenpräsident und Direktor des Theologischen Seminars. Eunice musste ihren Platz in der Kirche wieder neu finden. Es war für sie persönlich keine einfache Zeit.

Bald wandte sie sich der Weltgebetstagsarbeit zu, deren nationale Präsidentin sie schließlich wurde. Dazu kam die Leitung des Frauenreferates. Nun ist sie die erste Kirchenpräsidentin Portugals.

Die Kirche durchlebt schwere Zeiten.

„Aber wir haben den festen Glauben, dass es weitergehen wird. Alte Gewohnheiten müssen abgelegt werden."

106

Siehe
Seite 142 ff.

Die Zusammenarbeit mit den Methodisten wird intensiver. Die Öffentlichkeitsarbeit gewinnt einen neuen Stellenwert.

Nun ist sie es, die viel unterwegs ist. Während José Leite, nach einem aufregenden Berufsleben in Kirche und Politik (er war Bürgermeister von Figueira da Foz und Parlamentsmitglied) zurückgekehrt ist in seine erste Pfarrstelle Bebedouro, reist Eunice in die USA und nach Brasilien.

Was ist das Besondere am Evangelischsein in Portugal?

„Wir sind eine kleine Kirche mit weitem Horizont. Heute bestimmen wir uns positiv, nicht wie früher, als wir sagten: wir sind antikatholisch. In Gesellschaft und Staat sind wir durchaus einflussreich. José wurde mit 70 % der Stimmen zum Bürgermeister gewählt. In der Politik ist der religiöse Aspekt in den letzten Jahrzehnten unwichtig geworden. Von den gewählten Staatspräsidenten war nur Eanes katholisch, alle anderen Atheisten. Im Norden des Landes bezeichnen sich 40 % als bekennende Katholiken. Im Süden tun dies nur 3 %. Die portugiesischen Katholiken sind stark von Maria bestimmt. Italiener zum Beispiel sind weniger marianisch als unsere Landsleute. Das macht die Arbeit oft schwierig bei Neu-Protestanten. Denen fehlt das mütterliche Element bei den Evangelischen."

Manches läuft anders als in Nordeuropa. So wurde gerade auf den Azoren ein Pastor ordiniert, der bereits seit 17 Jahren einen aufopferungsvollen Dienst dort tut, allerdings ohne Examen und Ordination. Beides wurde nun unbürokratisch nachgeholt.

Wir besuchen gemeinsam den Gottesdienst in Bebedouro. Eunice tanzt den Kindern einen ägyptischen Tanz vor, um die Geschichte von Josef und seinen Brüdern zu beleben. Ihr Mann predigt. Ich frage nach einem Mann, der sich ständig bekreuzigt.

„Oh, das ist ein Orthodoxer. Er war in vielen Gemeinden und hat sich schließlich für diese entschieden. Warum nicht für die katholische, habe ich ihn gefragt, die ist Ihnen doch viel näher.
Er zögerte einen Moment, bevor er antwortete: Weil hier der Pfarrer einen Bart hat, wie bei uns."
Auch so kann man zur evangelischen Kirche finden.

Der Abend im Hause Leite ist schon weit fortgeschritten, als Eunice ihr Lieblingsgedicht rezitiert, in das ihr Mann sofort einstimmt. Es stammt von dem bekanntesten portugiesischen Dichter des 20. Jahrhunderts Fernando Pessoa und trifft die Gemütslage vieler Portugiesen.

Valeu a pena? Tudo vale a pena
Se a alma nao é pequena.
Quem quer passar além do Bojador
Tem que passar além da dor.
Deus ao mar o perigo e o abismo deu.
Mas nele é que espelhou o céu.

Aus: *Mar Portugues*

Hat es sich gelohnt? Alles ist der Mühe wert
Solange man es mit weiter Seele tut.
Wer Kap Bojador bezwingen will,
darf sich vom Schmerz nicht besiegen lassen.
Gott machte das Meer gefährlich und abgrundtief.
Aber er ließ darin auch den Himmel sich spiegeln.

Ein wenig Sehnsucht nach Afrika ist geblieben, sagt Eunice. Aber noch größer ist der Dank an die Großmutter und die Mutter, die ihr den Weg in die Kirche zeigten und ihr früh vormachten, dass es wichtig ist, dort Verantwortung zu übernehmen.
Mit viel Freude und manchen Tränen ging sie den Weg durch etliche Jahrzehnte kirchlicher Arbeit, immer mit dem Wissen, dass der HERR sie begleitet.

Evangelische Fadosängerin, die auf der 200-Jahr-Feier der deutschen Gemeinde sang.

DER MOND BESCHEINT DAS KASTELL UND DIE DÄ-
CHER DER ALTSTADT VON LISSABON. AUS EINIGEN
LOKALEN DRINGT MUSIK AUF DIE GASSE, SCHWER-
MÜTIGER GESANG, BEGLEITET VON GITARREN. MAN
GLAUBT EINE MISCHUNG DER MUSIK ALLER BEWOH-
NER ZU VERNEHMEN, DIE HIER EINST GELEBT HABEN
IN DIESEN ALTEN STADTVIERTELN VON LISSABON, WIE
ARABER, JUDEN UND HEIMGEKEHRTE SEELEUTE.
AUF DEN SCHIFFEN MAG ER AUCH ENTSTANDEN SEIN.
VIELE MONATE WAREN DIE SEELEUTE UNTERWEGS,
LERNTEN FREMDE LÄNDER MIT IHREN BRÄUCHEN
KENNEN UND HATTEN ZWISCHEN ALL DEN EXOTI-
SCHEN ERLEBNISSEN SICHER AUCH MANCHES MAL
SEHNSUCHT NACH HEIMAT UND FAMILIE. WAREN SIE

DANN HEIMGEKEHRT, SO WANDTE SICH DIE SEHN-
SUCHT IN DIE FERNE. SAUDADE, WAS SEHNSUCHT,
HEIMWEH ODER FERNWEH HEISSEN KANN, EIN TY-
PISCH PORTUGIESISCHER SEELENSCHMERZ, WIRD IM
FADO GENUSSVOLL BESUNGEN. DIE SINNLICHSTE AL-
LER DEPRESSIONEN WURDE DER VON MEIST SCHWARZ
GEWANDETEN SÄNGERN IN DÜSTEREN, RAUCHGE-
SCHWÄNGERTEN KNEIPEN GESUNGENE FADO GE-
NANNT.

FADO HEISST »SCHICKSAL« UND IST SEIT DEM 18.
JAHRHUNDERT IN DEN HAFEN- UND AMÜSIERVIER-
TELN DER STADT ZU HÖREN. AFRIKANISCHE UND
BRASILIANISCHE ELEMENTE KLINGEN DURCH. ABER
AUCH DER MAURISCHE EINFLUSS IST NICHT ZU ÜBER-
HÖREN. FADO IST DER MORNA-MUSIK DER KAPVER-
DISCHEN INSELN VERWANDT.

FADO WIRD VON MÄNNERN WIE VON FRAUEN GESUN-
GEN.

EINE KÖNIGIN DES FADO WAR DIE AUCH ÜBER DIE
GRENZEN PORTUGALS HINAUS BEKANNTE SÄNGERIN
AMALIA RODRIGUES.
1920 WURDE SIE IN LISSABON ALS EINES VON ZEHN
KINDERN EINER ARMEN FAMILIE GEBOREN. ALS
KIND VERKAUFTE SIE MIT IHRER SCHWESTER CELES-
TE UND DER MUTTER FRÜCHTE IN DEN DOCKS VON
ALCANTARA. DEM TRISTEN ALLTAG VERSUCHTE SIE
DURCH GESANG ZU ENTKOMMEN. BALD WURDE SIE
ENTDECKT UND EINE BEISPIELLOSE KARRIERE BE-
GANN. EINLADUNGEN INS AUSLAND FOLGTEN: NACH
SPANIEN UND BRASILIEN, SPÄTER AUCH IN VIELE
ANDERE LÄNDER, BIS NACH JAPAN. SIE WURDE IM
OLYMPIA IN PARIS GEFEIERT UND FREUNDETE SICH
MIT EDITH PIAF AN. AMALIA RODRIGUES ENTWI-
CKELTE SICH ZUR BOTSCHAFTERIN PORTUGIESISCHER
KULTUR. EINER IHRER BEKANNTESTEN FADOS IST
»AI MOURARIA« ÜBER DEN SCHMERZ EINER VER-
SCHMÄHTEN LIEBE IM ALTEN MAURENVIERTEL LIS-
SABONS, ABER AUCH DAS HEITERE »UMA CASA POR-

tuguesa« über die Gastfreundschaft der einfachen Portugiesen.

Zu ihrem 50-jährigen Bühnenjubiläum 1989 gratulierten so illustre Gäste wie Federico Fellini, Mario Vagas Llosa und Sophia Loren. Ihren letzten öffentlichen Auftritt zelebrierte sie im Rahmen der Expo 1998 in Lissabon.

Als sie im Oktober 1999 starb, rief Premierminister Antonio Guterres eine dreitägige Staatstrauer aus und der laufende Wahlkampf wurde eingestellt. Sie wurde auf dem Friedhof Prazeres (der Vergnügungen, Freuden) bestattet. 2001 überführte man ihre sterblichen Überreste in das Lissabonner Pantheon, eine Ehre, die ihr als erster und bisher einziger Frau zuteil wurde.

Heute bestimmen junge Frauen den Fado, wie Misia, die in Porto geboren wurde oder Mariza, die 2003 von der BBC als beste europäische Stimme ausgezeichnet wurde. Mariza wurde in Moçambique geboren und ist im ehemaligen Maurenviertel Mouraria aufgewachsen, wo sie neben dem Duft gebratener Sardinen auch den Klang der geheimnisvollen Fadomusik aufnahm.

Eva Michel

„Ah, Sie sind Pfarrerin? Wie interessant!" – so höre
ich oft. „Wo ist denn Ihre Gemeinde?"
Meist komme ich nicht weit bei meinen Erklärungs-
versuchen: dass ich zwar einer Gemeinde angehöre,
aber meinen Dienst eher überregional versehe, in
Begleitung und Unterstützung der Jugendarbeit vor
allem, wenn auch keineswegs ausschließlich, dass ich
hauptamtlich in einer Schule arbeite … Nein, nicht
an der deutschen, sondern an einer portugiesischen,
katholischen Schule … „Ach so, dann unterrichten
Sie also Deutsch?" – so unweigerlich die nächste

Vermutung, so denn mein Gegenüber nicht gleich verwundert nachfragt, was ich denn wohl als evangelische Pfarrerin an einer katholischen Schule treibe. Doch Deutsch unterrichte ich nicht und auch keine evangelische Religion (obwohl vom Gesetz her möglich, kommt dafür an kaum einer Schule in Portugal die notwendige minimale Schülerzahl zusammen). Stattdessen kümmere ich mich um Schüler, die aus Osteuropa ankommen, aus Moldawien, Rumänien, der Ukraine, manchmal auch aus Russland, oft mitten im Schuljahr, immer aber ohne ein Wort Portugiesisch zu verstehen oder zu sprechen. Diesen Kindern und Jugendlichen bei der Integration zu helfen, auch durch Sprachunterricht, zugleich ihre portugiesischen Mitschüler zu sensibilisieren für das den meisten noch immer völlig ungewohnte interkulturelle Miteinander, das ist mein Alltag; dazu kommen internationale Schulbegegnungs- und Austauschprojekte, die Öffentlichkeitsarbeit jener Schule und … natürlich meine Arbeit in der Presbyterianischen Kirche. „Und das alles geht, als evangelische Pfarrerin?" – irgendwann kommt sie, unausweichlich, die erstaunte, manchmal fast ungläubige Frage.

Ich verstehe sie gut. Stelle ich sie mir doch manchmal selber, nicht weniger erstaunt, nicht weniger ungläubig. Passt doch, was ich erzähle, nicht so recht in die berühmten Schubladen. Und doch, die Antwort ist klar und eindeutig: es geht. Und es ist spannend, faszinierend, wenn auch nicht immer leicht. Und: Es scheint mir heute wichtiger denn je, dass es auch und gerade in der Kirche Grenzgänger gibt. Leute, die Grenzen überschreiten – und seien es nur die der täglichen eingefahrenen persönlichen oder kirchlichen Routinen – und Brücken bauen. Brücken, auf denen Menschen sich begegnen können, Vertrauen schöpfen, Beziehungen knüpfen. Geachtet und geschätzt, so wie sie eben sind. Und dabei wachsen, reifen, menschlicher werden ... und erleben, was wir so gerne predigen: Gottes Liebe, uns nah.

Das klingt selbstverständlich, fast banal eigentlich, und ist es doch nicht. Immer weniger sogar, bedenkt man die tiefe Angst und Unsicherheit so vieler, die – kräftig unterstützt durch einen Großteil der Medien – jeden, der irgendwie „anders" ist, erst einmal als potentielle Gefahr wahrnehmen: als Bedrohung für den eigenen Arbeitsplatz, die eigene Sicherheit, das eigene Leben. Nicht zufällig ist es ja gerade heute so populär, sich auf seine „Identität" zu besinnen – fast immer in Abgrenzung zu „den anderen", fast immer auch durch Überbetonung eines einzigen Aspekts – und wenn es nur die ganz bestimmte Marke des T-Shirts oder der Turnschuhe ist. Selbst „evangelisch sein" wird von manchen noch immer auf derartig defensiv abgrenzende Weise verstanden: Als bestünde evangelisch zu sein vor allem darin „nicht-katholisch" zu sein (d. h.: kein Weihrauch, kein Papst, keine Fatimawallfahrt, kein Rosenkranz, keine Marienverehrung, keine Heiligenstatuen ...).
Alles zutreffend, aber eine Sackgasse, scheint mir. Meine Erfahrung in unserer kleinen evangelischen Minderheitskirche in Portugal ist anders: Zur Kirche zu gehören gibt mir gerade die Kraft dazu, immer wieder über den Tellerrand zu schauen und Grenzzäune zu überspringen. „Mit meinem Gott springe ich über Mauern" – in den wunderschönen Worten des Psalms (18,30). Denn der Glaube und die Zugehörigkeit zur Kirche macht mich frei, Wurzeln, Halt und Identität (und die braucht jeder!) nicht primär in einer bestimmten Kultur oder Nationalität oder Hautfarbe zu suchen und also durch Abgrenzung von allen anderen mit anderer Kultur, anderem Pass, anderer Hautfarbe, anderer Religion (und erst recht nicht in Mode, Musikstil, Besitz oder gar dem Fußballclub). Was ich bin, bin ich als von Gott geliebter Mensch. Das zu allererst. Und vor allem anderen. So

wie der andere, wie alle anderen auch! Dies zu wissen, dies in der Kirche immer wieder zu hören, miteinander zu feiern, zu erleben und bewusst zu gestalten, das gibt eine enorme Freiheit. Das ist wie tiefe Wurzeln zu haben in einem Boden, der wirklich trägt, Halt gibt, nährt. Für mich ist dies Ausdruck der vielfarbigen Verheißung, wie Gott sie uns (zur Erinnerung!) im Regenbogen leuchtend vor Augen stellt. Und damit Ausdruck der tiefen Gnade Gottes aus der wir leben – und ist nicht gerade das Leben aus der Gnade Gottes die große (Wieder)entdeckung der Reformatoren gewesen? Liegt nicht gerade hier der Kern unserer heute so oft beschworenen evangelischen Identität bzw. des „evangelischen Profils", wie es jetzt meist heißt?

So jedenfalls erleben wir es, wenn bei unseren Jugendfreizeiten oder beim Einkehrwochenende junge Leute völlig unterschiedlicher sozialer und kultureller Herkunft (und nicht minder diversen Frömmigkeitsstils) miteinander leben, lernen, singen und beten. Oder in der ökumenischen Zusammenarbeit unserer eigenen Jugendabteilung mit den Methodisten, Lusitaniern (Anglikanern) und Katholiken, die an der Basis lebendige Beziehungen hat wachsen lassen und die unter anderem so schöne Früchte trägt wie das jährliche Ökumenische Forum, gemeinsame Freizeiten, eine ökumenische CD.

Wie gesagt: all das ist nicht immer leicht. Auch nicht in der Kirche. Nie werde ich es vergessen: Als ich offiziell als Pfarrerin in die portugiesische presbyterianische Kirche aufgenommen wurde, da schenkten mir die Frauen – immer sind es die Frauen, die in solchen Momenten ein besonderes Gespür haben und es auch ausdrücken können – … eine große und kunstvoll bestickte Schnupftuchschachtel! Ich muss etwas verdutzt geschaut haben, denn die Erläuterung ließ nicht auf sich warten: Zum Abwischen der

Tränen, Schwester, du wirst sie brauchen, in unserer Kirche …

Selten hat mich ein Geschenk so angerührt. Obgleich ich lange Zeit nichts Rechtes damit anzufangen wusste. Doch sie steht da, hat ihren festen Platz gefunden. Und erinnert mich – in ihrer unkonventionellen Weise – immer wieder an meinen Auftrag als Pfarrerin. Und auch an die Quelle, aus der ich die Kraft dazu schöpfen soll. Und dann höre ich sie, die Stimmen der Frauen, der so unterschiedlichen Frauen unserer evangelischen Kirche hier in Portugal und der vielen Frauen in aller Welt mit denen ich mich verbunden fühle: Tränen sind erlaubt, Schwester! Sind heilsam, oftmals … Doch dann: Lass sie dir auch wieder trocknen. Und statt der „verschnupften Reaktion" oder dem Dauerlamento … schau auf! Schau über den Tellerrand hinaus! Siehst du nicht die anderen? Vielleicht warten sie auf dein Taschentuch …

Einander die Tränen trocknen und getröstet, ermutigt und gestärkt einander helfen, die Augen weit zu öffnen und deutlich zu sehen – die Menschen neben uns, die Welt, in die wir gesandt sind, Gottes vielfarbigen Regenbogen am Himmel – und uns dann auf den Weg zu machen, immer wieder neu: Darum geht es doch. Voll Vertrauen, mit klarem Blick, in geschwisterlicher Verbundenheit.

Eva Michel

Es war ein milder Morgen im Spätherbst 1755. Die katholische Bevölkerung Lissabons versammelte sich an jenem 1. November, um Allerheiligen zu feiern. Die Häuser begannen zu zittern und zu beben und ein Grollen schien aus der Erde zu kommen wie ein schwerer Donner. Die Menschen flohen aus den zusammenstürzenden Häusern. Viele versuchten sich an den neuen Hafenkai zu retten, auf dem schon Tausende von Menschen Zuflucht gesucht hatten. Da zog sich das Meer von der Küste zurück und zog Boote und Schiffe mit sich. Gleich darauf brauste eine ungeheure Welle heran, von verschiedenen Zeugen wurde ihre Höhe auf 20 Meter angegeben, riss die Anker der im Hafen liegenden Schiffe aus, und begrub den am Wasser liegenden unteren Teil Lissabons unter sich. Als die Woge zurückgeflutet war, gab es keine Hafenmauer mehr und auch von den Tausenden, die darauf gestanden hatten, blieb keine Spur zurück.

60 000 Menschen sollen damals ihr Leben gelassen haben. Die Stadt war völlig zerstört. Später wurde bekannt, dass das Beben noch in weit entlegenen Gegenden zu spüren gewesen war. In der Schweiz zogen sich Seen für Sekunden vom Ufer zurück, andere stiegen an, Quellen wurden trübe. Ebenso verhielten sich die Seen in Brandenburg. In Schwaben verzeichnete man Erderschütterungen. In Locarno stiegen Dämpfe aus der Erde, die sich in roten Nebel verwandelten, der abends als purpurner Regen niederfiel.

Neun Minuten bebte die Erde, fünf Tage lang stand Lissabon in Flammen, entzündet durch die Kerzen, die in den Kirchen gebrannt hatten und die Herdfeuer. Es schien das Ende der Welt zu sein.

Doch bereits zwei Monate später waren die Pläne für den Wiederaufbau fertig und der königliche Minister Marques de Pombal packte die Neugestaltung der Unterstadt an.

Dorothea Moller (1780 bis 1854) – Erinnerungen
einer Pfarrerstochter

Als ältestes von fünf Kindern des Pastors Johann
Wilhelm Christian Müller, der in Göttingen im Jahre
1752 als Lutheraner geboren wurde und im Jahre
1814 nach einem wechselvollen Leben als römischer
Katholik in Lissabon starb, und Anna Elisabeth
Moller erhielt ich den Namen Dorothea. Meine
Mutter blieb, wie der Rest der Familie, evangelisch-
lutherisch.

*Bild von Dorothea Moller; gehalten von ihrer Nachfahrin
Elisabeth Daenhardt*

Der Vater meiner Mutter, der wenige Tage vor meiner Geburt starb, war ein einflussreicher Kaufmann an der Hanseatischen Faktorei und der Börse von Lissabon. Meine Großmutter überlebte ihn um siebzehn Jahre und konnte mir noch vieles aus der Zeit des großen Neuaufbaus nach dem Erdbeben erzählen, als die Stadt nach den Plänen des Marques de Pombal neu erstand, übersichtlich wie ein Schachbrett. Unter den alten Damen der Familie, die über manchen politischen Wechsel und manche persönliche oder geschichtliche Tragödie zu berichten wussten, war das Erdbeben in allen Details ein beliebtes Thema.

Heute erinnert nur noch die Ruine der Karmeliterkirche hoch über dem Rossio an die Zerstörung. Ansonsten ist die Stadt in neuem Glanze erblüht.
Als Tochter eines wohlhabenden Kaufmanns wurde meine Mutter hier zwei Jahre nach dem Erdbeben geboren. Sie wuchs im lutherischen Glauben auf und wurde am 20. März 1773 von dem erst seit wenigen Monaten in Lissabon weilenden jungen Pfarrer Johann Wilhelm Christian Müller konfirmiert. Sie war seine erste Konfirmandin und sollte einige Jahre später seine Ehefrau werden.
Mein Vater war schon in seiner Kindheit von dem Hauch der Wissenschaft umweht. Während er in der Wiege lag, hielt sein Vater als Professor Vorlesungen über die reine und angewandte Mathematik in Göttingen und zur gleichen Zeit genoss sein Großvater mütterlicherseits hohes Ansehen als ordentlicher Professor der Philosophie und der Geschichte an jener Universität. Und so könnte ich fortfahren.
Im Elternhaus lernte er noch im zarten Alter die Anfangsgründe der Wissenschaften, des Lateinischen, der englischen und französischen Sprache von geschickten Lehrern. Er lernte auch die schwere Kunst, aufmerksam zu lesen, und das, was er las zu studieren.

Viel habe ich von ihm übernommen. So spüre ich, dass das Studium der alten und neuen Sprachen die unterschiedlichen Fähigkeiten unserer Seele entwickelt. Unsere Kenntnisse weiten sich über den beschränkten Kreis des Landes, in dem wir leben, hinaus.

Mein Haus in Benfica bei Lissabon (heute gehört es zu Lissabon), ist ein Treffpunkt für Kulturinteressierte, Diplomaten, Adlige und Wissenschaftler geworden.

Die geistigen Größen Lissabons fühlen sich bei mir wohl und ich brauche den Gedankenaustausch, den mir dieser Salon bietet. Als Frau habe ich zu eigener wissenschaftlicher Karriere wohl kaum eine Chance. Meine Berliner Schwester im Geiste, Henriette Herz, Tochter des jüdischen Arztes Benjamin de Lemos, hat im Übrigen portugiesische Wurzeln. Ihr Vater entstammt einer sephardischen, also jüdisch-portugiesischen Familie. In ihrem Hause empfängt sie die geistigen Größen Berlins, wie die Brüder von Humboldt, Schadow und Schlegel.

Hier bin ich eine angesehene Frau, doch Besucher aus der fernen Heimat meiner Vorfahren ließen Zweifel laut werden, ob sich das Führen eines Salons mit meiner Herkunft als Tochter eines Pfarrers vereinbaren lasse. Nun, ich habe wenig Vergleichsmöglichkeiten. Mein Vater kam aus einer Gelehrten-, meine Mutter aus einer Kaufmannsfamilie.

Nachdem mein Vater in zwei Jahren sein Theologiestudium mit Auszeichnung abgeschlossen hatte, stand er im Begriff sich um einen Lehrstuhl an der Universität zu bewerben, als sich etwas ereignete, das wohl geeignet war, in einem Jüngling von 20 Jahren die Sehnsucht nach der Ferne zu wecken, und seine Karriere vorerst zu unterbrechen.

Die lutherischen Kaufleute in Lissabon suchten einen Pastor für die erst unlängst gegründete Gemeinde. Es hatte bereits einen holländischen Prediger Schiving gegeben, der nach ehrenvollem Dienst nun jedoch nach Paramaribo in Niederländisch Guyana verzogen war. Nun wünschten sich die Lutheraner einen deutschen Prediger und wandten sich an den Rektor der Universität Göttingen, der meinen Vater empfahl. Der Vertrag war günstig. Mein Vater musste sich nur für drei Jahre verpflichten und gedachte dann, seine wissenschaftliche Karriere fortzuführen. Kaum war der Vertrag unterschrieben, reiste er nach Bremen ab, wo er mit solch gefälligem Ernst und großer Beredsamkeit predigte, dass ihm diese als Examenspredigt anerkannt wurde. In einer Nachtfahrt fuhr er zum Konsistorium nach Stade, wo er examiniert und ordiniert wurde.

Im Gegensatz zum rauen Klima seiner Heimat fand er hier südliche Wärme und eine üppige Vegetation vor. Er verstand sich gut mit den Menschen. Auch seine wissenschaftliche Arbeit nahm er, neben der Tätigkeit als Pfarrer, bald wieder auf. Er wurde zum vorläufigen Mitglied der Lissabonner Königlichen Akademie der Wissenschaften ernannt. Er legte eine Abhandlung über die orientalische Abstammung der portugiesischen Wörter vor, die große Beachtung fand. Auch der kirchlichen Literatur der portugiesischen Juden wandte er sich zu.

Als ich zehn Jahre alt war, fand ich einen Brief auf seinem Schreibtisch, in dem er sich darüber beklagte, dass die ständigen Verpflichtungen seines undankbaren Berufes, den er sich nicht scheute als Sklaverei zu bezeichnen, ihn davon abhielten, sich seiner wissenschaftlichen Arbeit zuzuwenden. Oft predigte er viermal in der Woche, noch dazu in verschiedenen Sprachen. Die Gemeinde besuchte rege die Gottesdienste. Dazu kamen Seeleute, deren Schiffe im Hafen ankerten. Manchen fremden Seemann musste er begraben, nicht nur von deutschen, sondern auch von dänischen, holländischen, schwedischen, norwegischen und russischen Schiffen.

Stets führte er das Kirchenbuch gewissenhaft. So fand ich am 24. Oktober 1783, direkt nach der Eintragung der Taufe meines jüngeren Bruders Christian Friedrich, die Hintergründe der Taufe eines 12-jährigen indischen Knaben, den ein aus Ostindien retournierender deutscher Juwelenhändler mit sich führte und nun, bei der ersten Gelegenheit, in die Gemeinschaft der Evangelischen Kirche, zu der er sich selbst bekannte, getauft sehen wünschte. Da der Taufakt in aller Stille vollzogen wurde und beide am folgenden Tage mit dem Schiff nach England weiterfuhren, sah mein Vater es nicht als Ärgernis für die Portugiesen an, bei denen Proselytenmacherei immer noch unter Strafe stand.

Auch war mein Vater großzügig. Er gab stets den ärmeren Landsleuten von seinem eigenen Geld. Aber er dachte auch an Glaubensgenossen in anderen Ländern. Nachdem es durch das Toleranzedikt Kaiser Josephs II. 1881 möglich wurde, wollte die Gemeinde zu Brünn, wie viele andere österreichische Gemeinden, eine Kirche erbauen, wozu sie Unterstützung erbat, unter anderem mit einem ergreifenden Gedicht von Jacobi. Fürsten und Städte spendeten, aber die weitaus größte Gabe kam von der Lissabonner Gemeinde. Damals war die Deutsche Gemeinde blühend und wohlhabend.

Neben der hingebungsvollen Arbeit an der Gemeinde widmete sich mein Vater der portugiesischen Wissenschaft. Er hatte in Deutschland auf eine glänzende Gelehrtenlaufbahn verzichtet. Hinzu kamen häusliche Sorgen, die ihn als Vater einer zahlreichen Familie bedrückten. Die Teuerung im Lande ließ ihn mit seinem Gehalt immer schwerer auskommen.

Zu dieser Zeit bot der König selbst ihm an, in seine Dienste zu treten. Mein Vater nahm dieses Angebot an, hatte er doch nun für sich und seine Familie endlich auch eine materielle Sicherheit. Nur eines fehlte ihm, um die Rechte eines portugiesischen Staatsangestellten genießen zu können. Das war der Verzicht

auf jene Religion, die er mit der Muttermilch einge-
sogen hatte, die er von den bedeutendsten Lehrern
gelernt hatte, und die er selber während 18 Jahren in
seinen Predigten und Katechesen verbreitet hatte.
Am 23. November 1791 legte er ein feierliches Be-
kenntnis zum römisch-katholischen Glauben vor
seiner Exzellenz, dem Bischof-Inquisitor ab. Dies
blieb zunächst geheim und war für ihn eine äußere
Formalität. Er nahm auch später noch oft an evangelischen Gottesdiensten oder Amtshandlungen als
Pate oder Trauzeuge teil. Meine Mutter blieb mit
uns Kindern dem lutherischen Glauben treu, was
mein Vater, trotz seines eigenen Übertrittes, unterstützte.
Er gab sich alle Mühe, die ehrenvollen Ämter, die
ihm verliehen worden waren, würdig zu bekleiden.
Doch im weiteren Verlauf der Zeit verlor er einige
derselben, weil das öffentliche Interesse sein Aus-
scheiden erforderte. Dies verbitterte zeitweilig seine
Lebensfreude. Auch übernahm er nur widerwillig
die Aufsicht über die Zensur der Bücher. Diese
Kommission wurde jedoch bald aufgelöst. Über-
häuft mit Schriften, die der Kritik warteten, eine
Folge der kürzlichen Revolution in Frankreich,
waren ihre Mitglieder völlig überlastet.
Aus der in Aussicht gestellten Aufgabe als königli-
cher Prinzenerzieher wurde nichts, da der Prinz
vorzeitig starb.
Die Königin Maria I., deren geistige Kräfte von jeher
schwach gewesen waren, verfiel zusehends nachdem
ihr Beichtvater verstarb, von dem sie sich völlig hatte
leiten lassen. Auch der Tod ihres Gemahls, Pedro
III., sowie des Thronfolgers erschütterten ihren Verstand. Als sie schließlich ganz wahnsinnig wurde,
musste sie 1792 ihrem zweiten Sohn João die Regentschaft überlassen.
Durch königliches Schreiben vom 30. Juni 1795
wurde mein Vater zum Übersetzer der Admiralität
ernannt und erhielt später den Titel eines Stabsoffi-

ziers mit der Erlaubnis, die Uniform des Fregatten-
kapitäns zu tragen. Eine angenehme und ehrenvolle
Aufgabe war die Begleitung des Prinzen Christian
von Waldeck, Marschall der portugiesischen Ar-
meen, der jedoch leider frühzeitig verstarb.

Im Jahre 1802 wurde er mit Einwilligung der Cortes
zum Dienst bei Seiner Königlichen Hoheit dem
Prinzen Friedrich August, Herzog von Sussex, bestimmt, der sich in Lissabon aufhielt. Er begleitete
ihn später kurzzeitig nach London, kehrte aber nach
Lissabon zurück.

Ich war seit September 1799 verheiratet mit Georg
Peter Moller, meinem Cousin, Lutheraner wie der
Großteil der wichtigen Kaufleute, die ja aus den
Hansestädten nach Lissabon gekommen waren. Ge-
org Peter war 1774 in Lissabon geboren. Er führte
die hochangesehene Firma seines Vaters weiter, die
nach dessen Tod den Namen „Witwe Moller und
Söhne" erhielt.
Wir führten ein großes Haus, erst im „Palacio da
Mitra", in dem einst Erzbischöfe lebten. Ein präch-
tiger Bau mit herrlichen Gärten. Einige Zeit leb-
ten wir im „Palacio do Conde da Ponte" in Santo
Amaro, auch als „Palast des Patriarchen" bekannt.
Schließlich zogen wir in unseren Palast nach Benfica um, wo wir die glücklichsten Jahre unserer Ehe
verbrachten. Sonntags erschien alles, was Rang und
Namen hatte in der Lissabonner Gesellschaft zu
Musik, Tanz, literarischen Abenden und interessan-
ten Gesprächen. Die Gärten wurden mit Fackeln
beleuchtet und die Kutschen und Sänften verließen
die Quinta oft erst im Morgengrauen.
Unsere Familie wuchs beständig. Ich schenkte 13
Kindern das Leben. (Diese gründeten selbst wieder
große Familien mit bedeutenden Nachfahren wie
dem Botaniker Adolf Friedrich Moller, den von
Weyes und Daenhardts. Anm. der Verfasserin)

Nach Benfica zog sich der portugiesische Adel gern zurück. Auch Nachfahren französischer Hugenotten zählen zu unseren Nachbarn. In diesem Tal bei Lissabon (heute mitten in Lissabon und Namensgeber des bekannten Fußballclubs) gibt es die schönsten Gartenanlagen, in denen die seltensten Pflanzen aus Europa und Übersee wachsen. In den Orangenhainen und Korkeichenwäldchen leben die entzückendsten Vögel. Am meisten bezaubert mich der Gesang der Nachtigallen.

Am 23. März des Jahres 1827 verstarb mein geliebter Mann nach 5-monatigem Leiden und wurde auf dem deutschen Friedhof bestattet. Er war ein liebevoller Ehemann und gerechter Vater.

Grab von Dorothea Moller auf dem Deutschen Friedhof in Lissabon

Die Napoleonischen Kriege brachten großes Leid und bedeutende Verluste auch über die Lissabonner Gemeinde. Mein Vater widmete sich weiter seiner Wissenschaft. Bewandert in allen Sprachen des kulturellen Europa, wurde er von der Akademie der Wissenschaften beauftragt, den zerrissenen Faden mit den Gelehrten der ausländischen Akademien wieder aufzunehmen, sobald die göttliche Vorsehung geruhte, uns wieder in Frieden leben zu lassen. Seine Gesinnung galt als unparteiisch und versöhnlich.

Als er schwer erkrankte, hinderte ihn dies nicht, mittels einer besonderen Hilfskonstruktion, mit der er die Feder halten konnte, weiterzuarbeiten. Obgleich er schon schwer leidend war, ließ er sich in den Sitzungssaal der Akademie tragen.

Am 15. Oktober 1814 wurde er von seinem qualvollen Leiden erlöst. Er war 62 Jahre alt und wurde auf dem portugiesischen Friedhof bestattet, da er Katholik geworden war. Meine Mutter ruhte da bereits seit 17 Jahren auf dem deutschen Friedhof. Sie hatte nur ein Alter von 40 Jahren erreicht.

In der Gemeinde vollzogen sich durch die kriegerischen Wirren tief greifende Wandlungen. Die wirtschaftlichen wie sozialen Verhältnisse der Kaufmannskolonie änderten sich zum Negativen. Die alte Generation der Gemeindegründer starb allmählich aus. Pfarrer Dose war ein beliebter, guter Prediger, aber der Zulauf wurde immer geringer und schließlich verließ Dose Lissabon, weil sein Gehalt nicht mehr aufgebracht werden konnte.

Außerdem kam es zu Streitigkeiten wegen des ungeklärten Verhältnisses der ⇨ BARTHOLOMÄUS-BRUDERSCHAFT zur Kirchengemeinde, die das kirchliche Leben zeitweise zum Erliegen brachten. Eine entscheidende Rolle spielte dabei der Mann meiner Schwester Adolf Friedrich Lindenberg, der in Gemeinde und Brüderschaft Ämter innehatte.

Siehe Seite 173

Ich lebe gern und bewusst als evangelische Frau in Portugal und werde einst auf dem kleinen evangelischen Friedhof liegen, dessen Bäume, Blumen und singende Vögel mich an meinen Garten in Benfica erinnern. Wenn ich an den Gräbern meiner lieben Verstorbenen entlanggehe, denke ich an die glücklichen Zeiten zurück, als ich mit meinem Vater lange Gespräche führte, von meiner Mutter ins Leben eingeführt wurde und mit meinem Mann die interessantesten Menschen der portugiesischen Gesellschaft um uns versammelte. Einige meiner Kinder sind Stützen der evangelischen Gemeinde, wie es einst ihr Großvater war, andere haben Wege eingeschlagen, die sie in ferne Länder führten.

Ich bin dankbar und froh, meinen Glauben leben zu können, ohne – wie mein Schwager – zu sehr mit den Zwistigkeiten innerhalb der Gemeinde zu tun zu haben.

Da es immer wieder Probleme mit dem Englischen Friedhof gab, fasste der Lübecker Kaufmann Nicolaus Berend Schlick den hochherzigen Entschluss, der Gemeinde einen eigenen Begräbnisplatz zu schenken. 1822 feierlich eingeweiht, war er zunächst den Protestanten vorbehalten. Der edle Stifter wurde neun Jahre später, im gesegneten Alter von 83 Jahren, dort zur letzten Ruhe geleitet und in zentraler Lage mit einem würdigen Sarkophag des Künstlers Lindenberg (verschwägert mit Dorothea Moller) bedacht. Viele weitere historische Grabstätten können wir heute auf dem mit Zypressen und Pfefferbäumen bestandenen Friedhof sehen. Eine Oase in der lebhaft – lauten Stadt Lissabon ist dieser Ort, auf dem Protestanten, Katholiken, Orthodoxe und Juden ihre letzte Ruhe gefunden haben. Nicht nur Deutsche, auch Österreicher, Schweizer, Holländer und Portugiesen, vorausgesetzt, es bestand eine Verbindung zu einer der deutschen Gemeinden in Lissabon.

Der Friedhof ist eine in Stein geschriebene Chronik der deutschen Kolonie von 1822 bis auf den heutigen Tag. Die Gemeinde bemüht sich trotz finanzieller Schwierigkeiten den Friedhof zu erhalten.

Auf dem Friedhof wohnt ein Küsterehepaar, das für die Pflege zuständig ist.

Eine Gruppe junger, unternehmungslustiger Protestantinnen sollte nicht unterschätzt werden in ihrem Einfluss auf das Wissen in der portugiesischen Gesellschaft um den Protestantismus.

Lange vor der PISA-Studie gab es einen Exportschlager: deutsche Pädagogik, vertreten durch deutsche „Fräulein". Natürlich waren darunter auch einige katholische, aber als besonders begehrt galten die Protestantinnen, mit preußischen Tugenden wie Zuverlässigkeit und Tüchtigkeit ausgestattet. Auf gar keinen Fall wünschte man eine Erziehung durch Nonnen, denn da bestand immer die Gefahr, dass die Mädchen von ihnen so stark in den Bann gezogen wurden, dass sie schließlich selbst den Schleier nahmen und die Aussicht auf Enkelkinder gegen Null ging.

Den meisten Eltern ging es darum, dass die Kinder Manieren, Lesen, Schreiben, Rechnen und Sprachen lernten. Die Religion sollte anderen überlassen sein. Die jungen Preußinnen waren zudem meist sehr sportlich und kamen aus kultivierten Familien. Sie gingen mit den Kindern an die frische Luft und betrieben Leibesübungen, was in Portugal mit großem Erstaunen aufgenommen wurde.

Es bedeutete in den 1920er Jahren und später schon etwas, sich mit dem Schiff ins Unbekannte aufzumachen. Manche blieben nur zwei Jahre, wie der Vertrag es oft vorschrieb, andere ein ganzes Leben.

Über eine von ihnen berichteten mir sowohl eine Deutsche wie auch eine Portugiesin, die von ihr erzogen wurden.

Frieda Kessler, die ich ein Leben lang Tanne nannte, wurde am 1. November 1905 in Mechelsdorf in Mecklenburg geboren, wo sie auch aufwuchs. Der Vater war Bauer, noch ganz vom alten Schlag: arbeitsam, ehrlich und fromm. Tanne hatte viele Geschwister. Die Großmutter lebte bei ihnen und spielte in der religiösen Erziehung eine wichtige Rolle.

Mein Vater, damals junger Marineoffizier, und meine Mutter heirateten 1929 und wohnten in einem Wohnviertel der Marine in Berlin-Lichterfelde. Mit der Geburt meines Bruders kam Tanne zu uns und folgte uns von da an zu den verschiedenen Orten, an die mein Vater geschickt wurde: Paris, Dänemark und schließlich Lissabon. Da meine Eltern viele Verpflichtungen hatten, war es Tanne, die uns umsorgte und mit ihrer mecklenburgischen Frömmigkeit erzog. Sie kämpfte einen heftigen Kampf mit der portugiesischen Sprache, in dem sie nicht siegreich war. Das Land war wunderschön exotisch und auch die Menschen waren freundlich. Den Krieg spürten wir hier nicht. Das einzige, wonach wir uns in dieser schönen Welt sehnten, war der Schnee.

Tanne war sehr gläubig. Aus dem Gesangbuch wurde viel gesungen bei uns.

Tanne hatte eine große Menschenkenntnis. Wenn meine Mutter Gesellschaften ausrichtete und jemand kam, den sie nicht kannte, hat sie Tanne servieren lassen. Wenn diese sagte: Herr Admiral, nehmen Sie sich vor dem in Acht, dann hatte sie immer Recht. Es war ja Kriegszeit, auch wenn in Portugal nicht gekämpft wurde.

Alles änderte sich bei Kriegsende. Die Deutsche Schule wurde geschlossen. Mein Vater wurde wie die meisten anderen Mitglieder der Gesandtschaft mit einem Schiff nach Deutschland transportiert und kam ins ehemalige KZ Neuengamme in englische Kriegsgefangenschaft. Dort starb er mit 52 Jahren.

Tanne stand in dieser schwierigen Zeit, in der meine Mutter sie nicht mehr bezahlen konnte, treu zu uns.

Sie hat alle unsere Sorgen mitgetragen. Als wir zurück nach Deutschland gingen, musste auch Tanne sich entscheiden. Da ihre Heimat nun in der DDR lag und ihr eine Stelle als Erzieherin in einer portugiesischen Familie angeboten wurde, entschied sie sich für letzteres.

Natürlich war die ganze Familie streng katholisch. Jeden Sonntag ging sie in die Messe. Aber es hat niemanden im Geringsten gestört, dass Tanne evangelisch war. Sie hat mit den Kindern gebetet und mit ihnen auch von Gott und Jesus gesprochen. Wenngleich die Kinder wussten, dass Tanne nicht katholisch war, haben alle fünf ihren kindlichen Glauben mit ihr geteilt. Man muss dabei bedenken, dass man damals noch nichts von Ökumene wusste, dass Protestanten eigentlich Ketzer waren. Aber die mütterliche Warmherzigkeit von Tanne und ihre vorbildliche christliche Einstellung haben alle Differenzen überbrückt.

Weihnachten wurde in der portugiesischen Familie anders gefeiert, als wie sie es kannte. Da ging es in die Messe um Mitternacht und anschließend traf sich die Verwandtschaft im wunderbaren großen Haus der Familie in Estoril zum Weihnachtsessen.

Auf ein deutsches evangelisches Weihnachtsfest wollte Tanne nicht verzichten. Sie kam zu mir und mit uns fuhr sie zur Kirche zur Christvesper. Das war für sie eben doch ein ganz besonders schöner Gottesdienst. Anschließend wurden bei uns die Kerzen am Baum angezündet, die alten Weihnachtslieder gesungen, die Bescherung gemacht und zu Abend gegessen. Das war für sie ein Weihnachtsfest, wie sie es seit ihrer Kindheit gewöhnt war.

Eines Tages erlitt sie einen Schlaganfall. Sie kam ins Krankenhaus und wir waren alle abwechselnd bei ihr, voller Sorge, sie zu verlieren. Nach einer Woche schloss sie ihre Augen für immer. Wir, ihre „Kinder", deutsch und portugiesisch, evangelisch und katholisch, wir alle trauerten tief um diesen treuen

Menschen, der für uns alle eine zweite Mutter war.
Die Trauerfeier hielt der deutsche evangelische Pfarrer und auf dem Deutschen Friedhof liegt sie nun
begraben. Vergessen werden wir sie nie.

*(nach einem Gespräch und Brief von Doris zum
Hingste, Carcavelos/Portugal)*

Wir nannten sie „Äulein", was natürlich von Fräulein abgeleitet war, wie eine deutsche Erzieherin hier
genannt wurde.
Viele deutsche Sitten zu Ostern und Weihnachten hat
sie bei uns Kindern eingeführt. Am 1. Dezember bekamen wir einen Adventskalender, damals noch unbekannt in Portugal, ebenso die Überraschungen am
Nikolaustag. Sie hat mit uns einen Adventskranz
gebastelt und deutsche Weihnachtsplätzchen und
Honigkuchen gebacken. Ich habe es noch in so schöner Erinnerung, wenn wir die Kerzen am Adventskranz angezündet und Weihnachtslieder gesungen
haben. Alles das war für uns neu und wir waren
dabei sehr glücklich. Auch das Osterfest hat sie mit
uns Kindern nach deutscher Tradition gefeiert.
Sie war für uns wie eine zweite Mutter und dass sie
evangelisch und wir katholisch waren, hat uns alle
nicht gestört. Der gemeinsame christliche Glaube
war wichtig. Mit meiner Mutter zusammen führten
wir oft sehr interessante Gespräche über Kirche und
Religion. Äulein erzählte von Martin Luther und
der Reformation, und hat uns so ihren Glauben
etwas näher gebracht, ohne uns gewaltsam missionieren zu wollen. Man kann sagen, dass wir bei diesen Gesprächen zu einer echten Ökumene kamen.
Und so werden wir sie nicht vergessen und dankbar
sein, dass wir sie hatten und durch sie bereichert
wurden.

Ana Isabel B. G. Paes de Vasconcellos

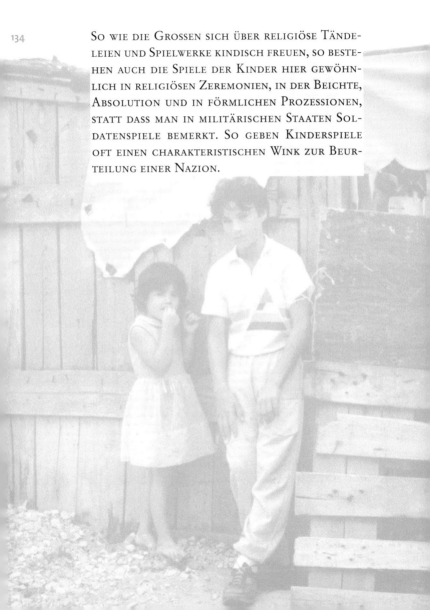

aus: Portugal und die Portugiesen
Ein Gemälde des Landes und der Nazion
Berlin, bei Friedrich Braunes, 1810

So wie die Grossen sich über religiöse Tände-
leien und Spielwerke kindisch freuen, so bestehen auch die Spiele der Kinder hier gewöhn-
lich in religiösen Zeremonien, in der Beichte,
Absolution und in förmlichen Prozessionen,
statt dass man in militärischen Staaten Sol-
datenspiele bemerkt. So geben Kinderspiele
oft einen charakteristischen Wink zur Beur-
teilung einer Nazion.

Kirchenmusik in turbulenter Zeit –
Martha Thomas, geb. von Reichenbach

*Die Zeiten waren unruhig, als sie im Oktober 1936
mit ihrem Mann Lothar Thomas nach Lissabon kam.
Am Einführungsgottesdienst nahm nicht nur der
Gesandte Baron von Hoyningen-Huene, sondern
auch der Ortsgruppenleiter der NSDAP teil.
Da im Sommer des Jahres im Nachbarland Spanien
der Bürgerkrieg ausgebrochen war und das evangelische Kirchenblatt für alle Protestanten auf der
Iberischen Halbinsel nicht mehr gemeinsam herausgegeben werden konnte, übernahm Pfarrer Thomas
die Herausgabe für die gesamte Iberische Halbinsel.
Die Adressierung, Eintütung und Frankierung aller
Sendungen besorgte Martha Thomas unentgeltlich,
wie es auch schon die Pfarrfrau vor ihr getan hatte.
Diese Arbeit war nicht unerheblich. Aus dem Jahre
1939 ist eine Auflage von 2 500 Exemplaren bekannt.*

*Im Pfarrhaus traf sich die Frauenhilfe, die durch ihre
Beiträge die Gemeindeschwester finanzierte. Auch
die evangelischen Erzieherinnen (⇨ TANNE) hatten
dort eine Anlaufstelle.*

*Siehe
Seite 130 ff.*

*Martha Thomas' herausragendes Verdienst lag aber
auf dem Gebiet der Kirchenmusik. Als ausgebildete
Sängerin erteilte sie, außer in den beiden ersten
Grundschulklassen, den gesamten Gesangs- und
Musikunterricht an der Deutschen Schule bis zum
Abitur.
Die Kirchenkonzerte unter ihrer Leitung entwickel-
ten sich zu einem wesentlichen Bestandteil des
Gemeindelebens. Da sie auch in weiten portugiesi-
schen Kreisen Beachtung fanden, dienten sie zur*

Förderung des Ansehens der evangelischen Gemeinde in Lissabon. Der bedeutende Orgelvirtuose Filipe Rosa de Carvalho, Professor am Lissabonner National-Konservatorium, war daran beteiligt, ebenso wie ein Frauen- und ein Männerchor.

Diese Kirchenkonzerte unter Vorbereitung, Leitung und Beteiligung als Sängerin von Martha Thomas fanden in der Zeit des Zweiten Weltkrieges immer stärkeren Zuspruch.

Während in den meisten Ländern Europas Krieg und Gewalt herrschten, war das neutrale Portugal zu einem Ort der Zuflucht geworden, von wo aus Schiffe und Flugzeuge in sichere Länder jenseits des Atlantik gingen.

Vor dem Krieg waren nur wenige Flüchtlinge nach Portugal gekommen. 1936 waren es etwa 600 Personen. Zu diesem Zeitpunkt gab es kaum bürokratische Hindernisse. Später wurde es schwieriger. Auf ihrer Flucht aus Europa wohnte auch die Frau von Albert Schweitzer zwei Wochen im Lissabonner Pfarrhaus, bis sie einen Anschluss nach Afrika bekam. Welche Gespräche mögen die beiden Frauen geführt haben?

Nach der Besetzung Frankreichs durch deutsche Truppen im Juni 1940 wurde Lissabon zum letzten Hafen der Hoffnung für Juden und politisch Verfolgte. Bekannte Künstler und Schriftsteller waren darunter wie Heinrich Mann, Alfred Döblin, Marc Chagall, Max Ernst, Erich Ollenhauer oder Alma Mahler-Werfel. Eine Massenflucht über die Pyrenäen, über Spanien nach Portugal setzte ein.

1940/41 hielten sich in Portugal 40 000 Flüchtlinge auf, davon 14 000 in Lissabon. Sie kamen in ein Land ohne Verdunkelung und ohne Luftangriffe. Es gab genug zu essen , aber ganz war der Druck nicht von den oft Traumatisierten gewichen. Sie durften nicht bleiben. Das Transitvisum zwang die meisten dazu, bald in ein Land Nord- oder Südamerikas weiterzu-

reisen. Zudem gab es eine, nicht offizielle, Kollaboration zwischen deutscher Gestapo und der portugiesischen Geheimpolizei PVDE.

Dennoch waren die meisten sicher und Portugal hat dazu beigetragen, dass fast 100 000 Menschen gerettet wurden, die in Deutschland und den besetzten Gebieten das nationalsozialistische Regime nicht überlebt hätten.

Inmitten dieser turbulenten Stadt voller Flüchtlinge und Spione, in der man an den Kiosken Tageszeitungen aus London und Berlin kaufen konnte, in der Unterhändler und Waffenverkäufer aus aller Welt verkehrten, eroberte Martha Thomas der evangelischen Kirchenmusik einen Platz im Lissabonner Kulturleben. Während Europa brannte, wurde die Anzahl der Kirchenkonzerte verdoppelt, und die Menschen strömten herbei, um sich Choräle und Orgelstücke von Johann Sebastian Bach, Johannes Brahms, Georg Friedrich Händel oder Max Reger anzuhören. Mehr als die Hälfte der Zuhörer waren Portugiesen. Dazu gehörten führende Frauen und Männer aus dem portugiesischen Musikleben und auch Gemeindeglieder und Geistliche der portugiesischen evangelischen Bewegung, darunter der Präsident der Alianca Evangelica Portuguesa, Dr. Eduardo Moreira.

In der portugiesischen Presse wurde verschiedentlich darauf hingewiesen, dass durch diese Konzerte bedeutende Werke deutscher Kirchenmusik zum ersten Mal in Portugal zur Aufführung kamen.

So fand am Sonntag, dem 11. April 1943, für Portugal die Erstaufführung von „Ein deutsches Requiem" von Johannes Brahms in der Deutschen Evangelischen Kirche statt.

Stalingrad war gefallen und in Lissabon, wo man legal an alle internationalen Nachrichten kam, war es auch den Deutschen sehr bewusst, dass der Zusammenbruch des Dritten Reiches nur eine Frage der Zeit war.

So mag gerade dieses Werk manchen tief berührt haben, für welches Brahms Stellen aus den beiden Testamenten der Heiligen Schrift ausgewählt hatte, die Menschen, die da Leid tragen, zu trösten vermögen. Die einzelnen Sätze ordnen sich um ein inhaltliches und musikalisches Zentrum, den 4. Satz „Wie lieblich sind deine Wohnungen", basierend auf Psalm 84, einem Wallfahrtslied des Volkes Israel. Er atmet Sehnsucht nach Gottesnähe und Zuversicht auf ein Ankommen im Hause Gottes.

Deutsche Kirche und Pfarrhaus in Lissabon

Der gemischte Chor aus Frauen und Männern,
Deutschen und Portugiesen beider Konfessionen
zeigte eine herausragende Leistung. Martha Thomas
übernahm den solistischen Part des Sopran und
Freitas Branco den Bass. Da die Aufführung ohne
Orchester stattfinden musste, übernahm die Orgel
die Rolle desselben. Diese schwierige Aufgabe löste
der Professor am staatlichen Konservatorium Filipe
Rosa de Carvalho mit großer Meisterschaft. Die
künstlerische Leitung des Konzertes lag in den
Händen der Pfarrfrau.

Das Konzert wurde in Lissabon als musikalisches
Ereignis erster Güte empfunden. Die Kirche war
überfüllt. Man sprach bereits vor der Aufführung
allenthalben von dem bevorstehenden Konzert.
Unter den deutschen Besuchern fanden sich der
Gesandte des Deutschen Reiches, Baron von Hoy-
ningen Huene, wie auch der Landesgruppenleiter
der NSDAP, Dr. Lübbe und der Präsident des Deut-
schen Kulturinstitutes, Prof. Dr. Meier .
Von den portugiesischen Zuhörern seien erwähnt:
der Komponist Luiz Freitas Branco, der Dirigent
Frederico de Freitas, Dr. Menezes vom Propagan-
daministerium, Professoren und Direktoren von
Universität und Konservatorium, evangelisch-portu-
giesische Geistliche und viele Studenten.
Nicht immer bot das Leben im Lissabonner Pfarr-
haus solche Höhepunkte.
Viele Menschen gingen ein und aus, die Hilfe such-
ten. Oft war das Pfarrerehepaar am Rande seiner
körperlichen und seelischen Kräfte. Manches Mal
mussten sie illegal handeln, um Leben zu retten. Sie
mussten vorsichtig sein, da – trotz Neutralität –
auch in Portugal nationalsozialistische Kräfte Ein-
fluss hatten. Es kamen Dinge vor, die an Spionage-
Romane erinnern.
Der deutsche Gesandte, ein überzeugter Protestant,
hielt seine Hand schützend über den Pfarrer und
seine Familie. Das wurde nötig, da Pfarrer Thomas

innerhalb der deutschen Kolonie ins Kreuzfeuer von
Verdächtigungen und Denunziationen geraten war.
Ein Grund dafür war sicherlich, dass die Familie
Thomas in einem freundschaftlichen Verhältnis zur
Familie des amerikanischen Botschafters Pell stand,
die sich als evangelisch-lutherische Christen von
Anfang an treu zur Gemeinde gehalten hatten.

Nach Kriegsende lief die Arbeit des Hilfswerks der
Evangelischen Kirche in Deutschland an. Im Lissabonner Pfarrhaus wurde eine Wäsche- und Kleider-
sammlung für die Not leidende Heimat eingerichtet.
Zudem lief die Suchaktion des Roten Kreuzes über
das Pfarrhaus. „Ich erinnere mich noch an das erste
Mal, als eine Rolle mit ausgefüllten Fragebogen der
Suchaktion zurückkam", schreibt die Tochter des
Pfarrers (Brief an die Autorin), „natürlich waren da
viele traurige Nachrichten, ... aber es waren auch
frohe Nachrichten dabei und mein Vater freute sich
sehr auf diese Besuche."

Trotz, oder gerade wegen der vielen Nöte und
Schwierigkeiten wurde die Kirchenmusik unvermin-
dert weitergepflegt. In den Weihnachtstagen des
Jahres 1947 kam, unter der Leitung von Martha
Thomas, das Weihnachtsoratorium von Johann
Sebastian Bach zur Aufführung. Die Kirche war
überfüllt.
Doch die Zeit nach dem Krieg war schwierig, das
Vertrauen der Deutschen untereinander gestört.
Das bekam auch der Pfarrer mit seiner Familie zu
spüren. Trotz der unerfreulichen Ereignisse in seinem
letzten Amtsjahr ist doch bis heute in der
Lissabonner Gemeinde die dankbare Erinnerung an
eine engagierte Pfarrfamilie vorhanden, an eine
Pfarrfrau, die sich ganz der Kirchenmusik widmete.
Einer Musik, die allein Gott die Ehre geben will,
gerade wenn um sie herum die Welt wütet und
brennt.

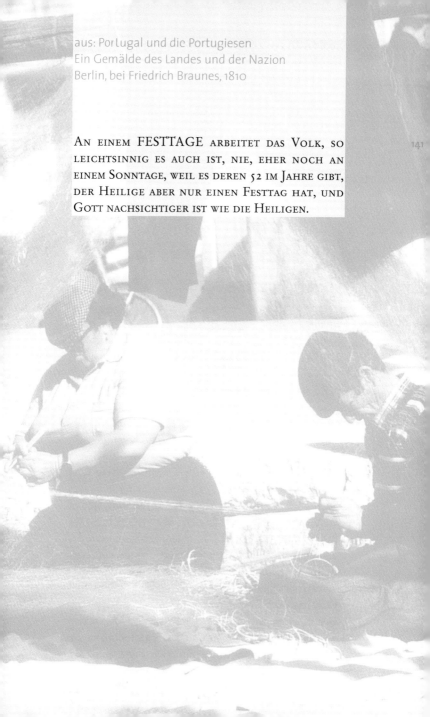

aus: Portugal und die Portugiesen
Ein Gemälde des Landes und der Nazion
Berlin, bei Friedrich Braunes, 1810

AN EINEM FESTTAGE ARBEITET DAS VOLK, SO
LEICHTSINNIG ES AUCH IST, NIE, EHER NOCH AN
EINEM SONNTAGE, WEIL ES DEREN 52 IM JAHRE GIBT,
DER HEILIGE ABER NUR EINEN FESTTAG HAT, UND
GOTT NACHSICHTIGER IST WIE DIE HEILIGEN.

Dorf in Angola

Mulemba ist ein Baum, der in Afrika wächst. Seine
mächtige Krone bietet Schatten und Schutz vor der
tropischen Sonne. Menschen versammeln sich darunter, um zu reden oder Recht zu sprechen.

Mulemba heißt das Projekt, das die angolanische
Pastorin Idalina Sitanela in Alges, einem Vorort von
Lissabon, aufgebaut hat. In dieser Gegend gibt es
viele soziale Probleme. In den nahe gelegenen Slums
herrschen Gewalt und Drogenabhängigkeit. Kinder
und Jugendliche haben kaum eine Chance, sich har-
monisch zu entwickeln. Ein Kinder- und Jugend-
zentrum soll hier Abhilfe schaffen. Hausaufga-
benhilfe und Kurse in den Bereichen Informatik,
gesunde Lebensweise und auch Sexualerziehung sollen den Kindern und Jugendlichen eine Chance im
Leben geben. Unter ihnen sind viele Flüchtlinge aus
den ehemaligen portugiesischen Kolonien Angola,

Mosambik und Cabo Verde. In Portugal sind die Familien auseinander gerissen. Oft gelang es nur Einzelnen, zu fliehen. So fehlt der Zusammenhalt, den afrikanische Großfamilien sonst bieten. Hier soll „Mulemba" helfen, Geborgenheit und Anleitung zu geben.

Idalina Sitanela mit dem Kantor ihrer Gemeinde

Idalina Sitanela wurde 1954 in Chiteta Essanju als drittes von zehn Kindern geboren, einem Dorf in der Provinz Huambo in Angola.

Das Leben in Afrika war voller Farben und fröhlicher Musik mit einer reichen und wunderschönen Natur. Angola könnte eines der reichsten Länder Afrikas sein. Die Voraussetzungen für die Landwirtschaft sind günstig, es gibt reiche Vorkommen an Bodenschätzen und Energiereserven (Diamanten, Eisenerz, Mangan, Kupfer, Uran, Erdöl).

Leider ist durch lange Kolonial- und Bürgerkriege dort das Leben zur Hölle auf Erden geworden. Noch immer sind große Gebiete von gefährlichen Landminen verseucht.

Idalinas Vater war Maurer und stand dem Kirchenchor vor. Ihre Mutter war Hausfrau. Sie bauten sich ihr Gemüse selbst an und bearbeiteten ihre kleinen Felder ohne technische Hilfsmittel.

Als sie klein war, spielte sie gern im Innenhof der Kirche, oft auch nachts im Schein des Mondes. Dort fühlte sie sich geborgen. Als Puppen dienten Maiskolben, weil sie nichts anderes hatte.

Mittags bekamen die Kinder Olukango, das die Europäer Popkorn nennen. Nach dem Unterricht lief sie auf das Feld und half ihren Eltern bei der Arbeit. Bis sie 16 war wusste sie nicht, was eine Matratze ist. Angola ist größtenteils ein Hochland, d. h. es wird nachts kalt. Sie deckte sich mit dem Tuch zu, das die Mutter tagsüber als Kleidung bei der Feldarbeit trug. Oft fror sie so sehr, dass sie sich neben das Herdfeuer legte.

Ihre Großeltern und Eltern gehörten der kongregationalistischen Kirche an. Ihre Urgroßeltern waren keine Christen. Sie hatten ihre Stammesreligion.

Mit neun Jahren ging sie auf eine von Missionaren gegründete Schule. Erst in der Schule begann sie die offizielle Landessprache Portugiesisch zu sprechen. Bis dahin sprach sie ihre Muttersprache Umbundu, eine der zentralangolanischen Sprachen.

Die häufigen Prüfungen mussten die Kinder in der Mission von Bailundu ablegen. Das bedeutete einen Fußmarsch von 30 Kilometern mit der Tasche auf dem Kopf und Verpflegung für einen Monat.

Um Hefte kaufen zu können, pflückte sie Zitronen und Mangos im Obstgarten ihrer Großmutter Raquel Nambule und stellte sich mit ihrer Ernte acht

Kilometer von ihrem Elternhaus entfernt an die Straße, wo LKW-Fahrer und andere Reisende ihr die Früchte abkauften.

Nach der Grundschulzeit musste sie ins Internat nach Bailundo. Sie erinnert sich noch gut, wie sie jeden Samstag mit den anderen Brennholz sammelte.

Ihre ersten Schuhe bekam sie im Alter von 15 Jahren, als sie auf die Schule in Dondi wechselte.

Sie stellte den Antrag auf ein Stipendium, um studieren zu können. Leider machte sie die Erfahrung, dass man nur durch Beziehungen an ein Stipendium kam. Da sie Tochter eines Bauern war, wurde sie nicht berücksichtigt. Für zwei Jahre kehrte sie heim und half der Mutter bei der Feldarbeit.

Eines Tages erinnerte sich die Kirche an sie. Es fehlten Lehrer und sie arbeitete zwei Jahre lang ohne besondere Ausbildung in der Schule. Auch ihr zweiter Antrag auf ein Stipendium wurde abgelehnt: Sie käme aus einem Dorf und sei dem Leben in einer Großstadt wie Luanda, der Hauptstadt Angolas, nicht gewachsen.

Da schlug ihr die Direktorin der Schule vor, in das Seminar Emanuel in Dondi zu gehen, um dort eine Ausbildung in christlicher Erziehung zu machen.

Als sie dieses Studium beendet hatte, drängten ihre Professoren sie, Theologie zu studieren. So kam sie ins Evangelisch-Theologische Seminar in Portugal.

Angola wurde am 11. November 1975 unabhängig. Als sie nach Portugal kam, befand sich ihre Heimat bereits in einem furchtbaren Bürgerkrieg, denn es gab drei Freiheitsbewegungen, die alle an die Macht wollten. Die MPLA, die FNLA und die UNITA.

An die Regierung kam bald die MPLA, die von Russland und Kuba mit Waffen, Geld und Menschen unterstützt wurde.

Sidalinas Familie lebte in dem Gebiet, das durch die UNITA kontrolliert wurde, die gegen den kommunistischen Einfluss kämpfte. Idalina befand sich in einer durch die Regierungstruppen beherrschten Gegend. Um sich von ihrer Familie verabschieden zu können, riskierte sie es 168 Kilometer zu Fuß in eine Gegend zu laufen, wo sie sich mit ihrer Familie treffen konnte. Sie versuchte ihre Eltern zu überreden, mit ihr zu kommen, weil sie Angst um deren Leben hatte. Doch der Vater war davon überzeugt, dass der Krieg bald ein Ende haben würde. Er erlaubte aber, dass sie ihren damals achtjährigen Bruder Fragoso mitnehmen könne. Es war das letzte Mal, dass sie ihre Eltern sah. Ihre Mutter wurde von Regierungstruppen getötet und in einem Massengrab verscharrt. Der Vater ertrug die Trauer und Einsamkeit nicht, alterte binnen kurzer Zeit und starb. Idalina erfuhr nie, wo er begraben wurde.

Als Idalina ihr Studium abgeschlossen hatte, tobte in ihrer Heimat noch der Bürgerkrieg. Sie bat um eine Anstellung in der presbyterianischen Kirche in Portugal, die jedoch keine finanziellen Möglichkeiten sah, sie als Pastorin einzustellen. Die United Church of Canada hörte davon und erklärte sich bereit, zwei Jahre lang ihr Gehalt zu übernehmen. So kam sie in die Gemeinde von Algès zu einer Probezeit. Ihr Mentor war Dimas Almeida. Dieser befand sie bald für in der Lage, die Gemeinde allein zu führen und zog sich zurück. Die finanziellen Probleme der Kirche aber hatten sich nicht geändert, und so zögerte man, sie zu ordinieren.

Erst auf der Synode 1995 beschloss die Versammlung auf starken Druck der Frauen der Kirche, dass sie endlich ordiniert werden sollte. Am 30. März 1996 war es dann soweit. Seitdem hat sie sich ganz ihrer Arbeit mit Familien, Kindern und Jugendlichen zugewandt, seien sie aus Afrika oder Europa. Sie lebt in Montijo, jenseits des Tejo und betreut auch dort eine Gemeinde.

Im Jahre 1997, nach 19 Jahren, sah sie zum ersten Mal Angola wieder. Immer noch war das Land in unterschiedliche Einflussgebiete geteilt. Zwar hatte es 1992 Wahlen gegeben, aber die UNITA erklärte sie für gefälscht. Der Krieg entflammte wieder neu. Bis heute ist Idalina enttäuscht, dass die internationale Staatengemeinschaft davon kaum Notiz nahm.

Sie machte sich auf die Suche nach ihrer Familie und fand ihre Schwestern, die unter unmenschlichen Bedingungen lebten. So wie sie es mit den Eltern versucht hatte, überredete sie nun ihre Schwestern, heimlich das Land zu verlassen. Sie ließ ihnen Geld da für die Flucht und besprach die nötige Vorgehensweise mit ihnen. Sie wollten nur noch einige Dinge regeln, die ihnen wichtig waren. Manchmal sind es die kleinen Dinge, die uns vom einzig wichtigen Weg abhalten. Sie machten sich zu spät auf den Weg. Rebecca starb durch eine Kugel.

Der Krieg zerstreute die Söhne und Töchter Angolas. Auf der Flucht vor dem grausamen Morden verteilten sie sich über viele Teile der Welt. Viele kamen in das Land, das einst Kolonialmacht war, Portugal.

Sitanelas Familie in Portugal besteht aus ihren Neffen, die sie aufgezogen hat. All ihre Mütterlichkeit hat sie ihnen gegeben. Aus dieser Erfahrung heraus entstand die Idee zu einer interkulturellen Einrichtung: Mulemba. Durch sie sollen auch andere Jugendliche und Familien Hilfe erfahren. Es ist wichtig dass sie eine richtige Schulbildung bekommen, um später im Leben auf eigenen Füßen stehen zu können und nicht aus Verzweiflung kriminell zu werden. Außerdem sollen sie etwas über die Kultur ihres Herkunftslandes erfahren, damit sie sich nicht so entwurzelt fühlen. Dann haben sie auch später eine bessere Chance, nach Angola zurückzukehren, um dort das Land wieder aufzubauen.

Wer in Afrika gelebt hat, vergisst das Leben dort nie. Eine andere Angolanerin, die jetzt in der Nähe von Lissabon lebt, die Autorin Fátima Ezequiela, erzählt mir von einem Leben inmitten der üppigen Natur. Sie erinnert sich an rote Erde, feucht vom Morgennebel, Erde, die fast Ton war. Die Frauen des Dorfes nutzten sie, um Töpfe herzustellen und um sie mit Stroh zu mischen, um Ziegel für den Bau der Hütten zu formen. Es war lustig, wenn die Arme dabei ganz orangefarben wurden.

Mitten in Lissabon. Ein weißer Schuhputzer bedient einen schwarzen Kunden.

In den Städten lebte man viel auf der Straße. Durch die warme Abendluft flanierten die Familien und aßen Krabben und Meereskrebse. Zu den zahlreichen Festen trug man bunte Kleidung. Gefeiert wurde in den großen Familien immer irgendetwas. Das Leben war intensiver, weil jeder wusste, dass es kurz war. Frauen waren früh entwickelt, bekamen früh Kinder und waren früh tot.

Irgendwann kamen die ersten Kubaner, erst 500, dann kam ganz Kuba nach Angola. So kam es der jungen Frau wenigstens vor. Auch viele Ostdeutsche aus der damaligen DDR reisten als politische Entwicklungshelfer nach der Revolution ins Land.

Die Pastorin sagt, dass sie viel gelernt hat durch die Herausforderungen des Lebens. Sie fühlt sich wohl in Portugal, aber die Sehnsucht nach Afrika ist geblieben. Als sie kam, spürte sie keinen Rassismus. Jetzt aber, seltsamerweise seit der Öffnung Portugals nach Europa, meint sie, dass er immer stärker wird. Sie träumt davon, ein kleines Haus in einem friedlichen Angola selbst zu bauen, wo sie, so Gott will, ihren Lebensabend verbringen kann. Sie möchte mit Hilfe von Mulemba die alte Mädchenschule zur Ausbildung von Waisenkindern und Jugendlichen wiederbeleben, die dringend Hilfe brauchen.

Während einer Bibelarbeit soll jeder sagen, wo er sich sicher fühlt, wo ein Ort ist, an dem er absolute Geborgenheit erfahren hat. Idalina muss nicht lange nachdenken: unsere Küche in Afrika, in der die Frauen aller Generationen meiner Familie versammelt waren.
Und natürlich bei Gott, der immer bei ihr war, an allen Orten, mit denen sie in ihrem Leben kürzer oder länger verbunden war.

Prinz Heinrich, den sie später den Seefahrer nannten, träumte am Felsenkap von Sagres vom sagenhaften Reich des Priesterkönigs Johannes und holte aus ganz Europa die besten Astronomen, Karthographen, Nautiker und Schiffsbauer zusammen, um den Weg zu diesem und all den anderen Reichen zu finden. Das lukrative Gewürzmonopol der islamischen Kaufleute galt es zu brechen. Pfeffer, Ingwer, Zimt und Koriander erzielten unerhörte Preise.

In den folgenden Jahren erfolgte eine Entdeckung nach der anderen. Die Früchte aber aus diesen Unternehmungen erntete vor allem König Manuel I., der Glückliche. Vasco da Gama fand 1498 den Seeweg nach Indien. Daraufhin befahl der überglückliche König, das Hieronymus-Kloster in Belem zu bauen.

1500 entdeckte Pedro Alvares Cabral Brasilien.

Der Horizont war weiter gespannt worden. Aus den euphorischen Erzählungen der heimkehrenden Seefahrer entsprang der manuelinische Stil. Was sie in den Wunderländern Indien, Brasilien, Afrikas und den Gewürzinseln gesehen hatten, ging ein in die spätgotische Stilrichtung, die wir heute noch in Belem, Tomar, Batalha und vielen anderen Orten bewundern können.

Im Kreuzgang des Hieronymusklosters in Belem stehen die Ornamente aus dem Ozean im Mittelpunkt. Muscheln, Taue und phantastische Meereswesen mischen sich mit religiösen

UND NAUTISCHEN ELEMENTEN WIE DEM KREUZ DER
CHRISTUSRITTER, ANKER ODER ARMILLARSPHÄRE.
AUS STEIN GEMEISSELTE ERINNERUNGEN AN PORTU-
GALS GROSSE ZEIT. FILIGRANE DEKORATIONEN IM
INDISCHEN STIL ZIEREN DIE PORTALBÖGEN DER UN-
VOLLENDETEN KAPELLEN VON BATALHA.
IM BERÜHMTEN FENSTER DER CHRISTUSRITTERKIR-
CHE IN TOMAR SIEHT MAN MYSTERIÖSE MOTIVE DER
TEMPLER.

Kreuzgang des Hieronymusklosters in Belem

Ursula Kühl, geb. Schnase – *die erste Glocke,
die Ökumene und Biafra*

*Schon früh hatte sie sich entschieden, Theologie zu
studieren. Mit großer Begeisterung ging sie ihren
Dienst an – und musste ihn wieder beenden (jedenfalls den bezahlten), als sie heiratete. Damals gab es
in der Westfälischen Landeskirche, wie in vielen
anderen, die Zölibatsklausel für Theologinnen.
Entweder Amt, oder Familie.*

*Ihren Mann hatte sie im Studium in Tübingen ken-
nen gelernt. Sie wurden ein gutes Team, das sich in
den neun Jahren in Lissabon bewährte. Heute hätten sie sich die Stelle offiziell geteilt, in den 1960er
Jahren war das noch nicht möglich.*

*Die Zeit in Portugal begann sofort mit der Vorberei-
tung der 200-Jahr-Feier der Deutschen Evangelischen Gemeinde. Ein besonderes Jubiläumsge-
schenk war eine Glocke.*
*„VERBUM DEI MANET IN AETERNUM" (Gottes Wort
bleibt in Ewigkeit), so lautet der Spruch, den die
erste Glocke einer evangelischen Kirche auf der
Iberischen Halbinsel trägt, die vom Turm der deutschen evangelischen Kirche in Lissabon aus ihren
weit hörbaren Ruf in das geschäftige Treiben der
Millionenstadt ertönen ließ.*
*Viele Gäste aus der Ökumene, darunter englische,
amerikanische, skandinavische Pfarrer, dazu die
jeweiligen Botschafter und die deutschen Pfarrer
aus dem benachbarten Spanien erlebten den unver-
gesslichen Moment, als im Festgottesdienst am
Sonntag Kantate anlässlich der 200-Jahr-Feier
unter den Worten des Ratsvorsitzenden der EKD,
Präses D. Scharf, die Glocke zum ersten Mal erklang.*

Tief bewegt und voller Dankbarkeit stimmte die Gemeinde den Choral „Nun danket alle Gott" an. Anfang des Jahres war es noch ungewiss gewesen, ob die zuständigen Behörden die Genehmigung zur Anbringung der Glocke geben würden. Auch einige der Protestanten warnten, dass die römisch-katholische Bevölkerung eine evangelische Glocke als Herausforderung und als Einbruch in den religiösen Frieden des Landes auffassen könnte. Aber als im Lissabonner Amtsanzeiger die Genehmigung zur Glockenanbringung abgedruckt stand, verstummten die meisten Widerstände. Die 1934 von Prof. Bartning erbaute Kirche besaß von Anfang an einen hohen Turm. „Leuchtturm des Evangeliums an der südwestlichsten Spitze Europas" hat man ihn genannt.

Das Fest währte drei Tage. Im subtropisch blühenden Pfarrgarten gab es ein Gemeindefest, bei dem nicht nur Grußworte gesprochen wurden, sondern auch eine schwarzgewandete Fado-Sängerin (⇨ FADO) in Gitarrenbegleitung auftrat, die sich zum evangelischen Glauben bekannte. Ein Chor afrikanischer Studenten des portugiesischen evangelischen Seminars in Carcavelos sang Kirchenlieder aus Angola und Moçambique. Zum Abschluss des Festes fand in der Kirche ein geistliches Konzert statt, das sogar vom portugiesischen Rundfunk übertragen wurde. Die Bewirtung auf dem Fest wurde natürlich von den Frauen organisiert.

*Siehe
Seite 109*

Dass der konfessionelle Friede durch die neue Glocke keineswegs gefährdet wurde, zeigte sich an jener denkwürdigen Begegnung zwischen dem evangelischen Ratsvorsitzenden und dem Kardinalpatriarchen für Portugal, Dom Manuel Cerejeira am Rande der Feierlichkeiten. Allmählich begann man sich auch in Portugal für die Ökumene zu interessieren. Es war die Zeit der Vorbereitung auf das II. Vatikanische Konzil in Rom, das Papst Johannes XXIII. einberufen hatte.

Neben solchen festlichen Höhepunkten gab es viel sozialdiakonische Arbeit an den Bedürftigen im Lande. Noch war diese Arbeit nicht organisiert. Sie gehörte zum Alltag der Pfarrfrau. Viele Menschen kamen an die Tür, verarmte Deutsche wie bedürftige Portugiesen.

Den Weltgebetstag der Frauen richtete die Pfarrfrau aus. Ungewohnt war es für die Gemeinde, dass sie, die ja Theologin war, selbst predigte. Sie erteilte Religionsunterricht an der Deutschen Schule.
Der neu eingeführte Weihnachtsbasar in der Deutschen Schule war eine Herausforderung an das Organisationstalent der Pfarrfrau.
Nebenbei sang sie im Kirchenchor, der sich eh im Pfarrhaus traf, und zwar ab 21 Uhr 30 wie es in Portugal für Abendveranstaltugen Brauch ist. Mit einem Kreis von Frauen hielt sie den Kindergottesdienst.

Ursula Kühl blieb als Theologin im Hintergrund. Bei offiziellen Anlässen war stets ihr Mann gefragt. Er reiste während des II. Vaticanums mit seinem katholischen Amtskollegen nach Rom und sprach anschließend am ersten Weihnachtstag im portugiesischen Fernsehen acht Minuten über christliche Aufgaben aus evangelischer Sicht. (Direkt vor ihm hatte der Papst sechs Minuten gesprochen.) Er war ständig unterwegs: nach Porto, zur Insel Madeira oder den Azoren. Selten konnte sie ihn, wegen der Kinder und der Finanzen, begleiten.
Pfarrer Lothar Kühl hielt Vorträge an der Universität, Gastvorlesungen über Dietrich Bonhoeffer, übernahm am portugiesischen evangelischen Seminar einen Lehrauftrag für das Alte Testament. Sie half ihm bei der Vorbereitung, zum Einen weil ihr die wissenschaftliche Arbeit viel Freude machte, zum Anderen weil ihr Mann neben der Fülle seiner anderen Aufgaben nicht immer die Zeit dazu fand.

Noch extremer wurde diese Situation, als eine be-
sondere Episode begann, durch welche die Pfarrfa-
milie und die Gemeinde betroffen wurden, obwohl
es eigentlich um eine afrikanische Krise ging, die
weltpolitische Kreise zog. Zwischen Nigeria und
Biafra war ein Krieg ausgebrochen, in dem es um
viel Öl ging. Hungernde Kinder allein hätten wohl
kaum ein solches internationales Interesse hervorge-
rufen.

Im März 1968 rief Bischof Scharf aus Berlin im Pfarr-
haus an. Pfarrer Kühl solle nach Möglichkeiten für
karitative Hilfsmaßnahmen von Lissabon und den
portugiesischen Besitzungen in Afrika schauen. Der
Bischof des Volkes der Ibo, Dr. Akanu Ibiam, einer der
Präsidenten des Weltkirchenrates, hatte die Welt-
christenheit auf die drohende Vernichtung seines
Volkes aufmerksam gemacht und um Hilfe gebeten.
Von diesem Tag an änderte sich das Leben im Pfarr-
haus vollkommen. Hier entstand, mitten im Leben
der Pfarrfamilie, ein internationales Informations-
zentrum, ein Umschlagplatz für Hilfsgüter und ein
Treffpunkt durchreisender Menschen. Bei Mittag-
und Abendessen hörten die staunenden Pfarrers-
kinder die abenteuerlichen Geschichten der Journa-
listen, Piloten, Flüchtlinge, Missionsärzte, Angehö-
rigen verschiedener Hilfswerke aus aller Welt und
freiwilligen Helfer. Funker aus der Schweiz installier-
ten ein Funkgerät, mit dem zweimal am Tag Kontakt
zu den eingeschlossenen Missionsärzten in Biafra
aufgenommen wurde. So trug der Kirchturm nicht
nur die einzige evangelische Glocke auf der Iberi-
schen Halbinsel, sondern auch die lange Antenne,
ohne welche die Verbindung zu den Hungernden in
Biafra nicht möglich gewesen wäre.

Fluggesellschaften meldeten einfliegende Maschi-
nen, für deren Clearence der Pfarrer bei den portu-
giesischen Behörden sorgen musste.

Weil im Lissabonner Pfarrhaus immer die neuesten
Meldungen über die Situation in Biafra zu erfahren

war, riefen oft deutsche Rundfunkstationen an und baten um Live-Interviews für Morgen- und Mittagsmagazine.

Die Pfarrfrau versorgte all diese unterschiedlichen Menschen mit Mahlzeiten und oft auch mit Trost. Biafranische Mütter mit kranken Kindern blieben oft viele Tage und Nächte bis sie entsprechende Papiere bekamen, um weiterreisen zu dürfen.

Natürlich musste das normale Gemeindeleben mit Frauenhilfe, Konfirmandenunterricht und Kirchenchor weiterlaufen. Selbstverständlich fand auch das alles im Pfarrhaus statt. Hier übernahm die Pfarrfrau als ausgebildete Theologin in dieser angespannten Zeit mancherlei Dienste in Schule und Gemeinde ehrenamtlich.

Es war eine anstrengende, aber auch unendlich reiche Zeit.

Nach der Rückkehr nach Deutschland erfüllte sich Ursula Kühl einen Traum und wurde Krankenhaus-Pastorin in Dortmund. So hat sie beides leben dürfen, was sich anfangs auszuschließen schien: eine Familie und eine Pfarrstelle.

Pfarramt oder Familie hieß es lange für Theologinnen. Ursula Kühl war dankbar, dass sie schließlich sowohl ihre Enkel im Arm halten, als auch predigen durfte.

Kloster-Palast Mafra

PORTUGIESISCHE SEEFAHRER BRACHTEN AUS DEM
FERNEN OSTEN UNREGELMÄSSIG GEFORMTE PERLEN
MIT, DIE SIE »BARROCO« NANNTEN. VON DIESEM
PORTUGIESISCHEN WORT STAMMT DIE BEZEICH-
NUNG FÜR DIE KUNSTRICHTUNG, DIE SICH IM 17.
UND BEGINNENDEN 18. JAHRHUNDERT ENTWICKELTE.
DAS BAROCK IST DIE KUNST DER GEGENREFORMA-
TION UND DES ABSOLUTISMUS, GEFÖRDERT DURCH
KIRCHE UND ARISTOKRATIE. BESONDERS DIE JESUI-
TEN SORGTEN FÜR SEINE VERBREITUNG. DAHER
WUNDERT ES NICHT, DASS MAN DEN REICH GE-
SCHMÜCKTEN, REPRÄSENTATIVEN BAUSTIL HAUPT-
SÄCHLICH IN KATHOLISCHEN LÄNDERN FINDET.

IM VERGLEICH ZU ANDEREN LÄNDERN HIELT DAS
BAROCK IN PORTUGAL SPÄT EINZUG. DIE PRÄCHTI-
GEN KIRCHEN UND PALÄSTE WURDEN ZUM SYMBOL
FÜR DAS VON WIRTSCHAFTLICHEM REICHTUM GE-
PRÄGTE 18. JAHRHUNDERT.

1697 wurde das brasilianische Gold entdeckt, das unermessliche Reichtümer in die Kassen der portugiesischen Krone fliessen liess. Gold und Brillianten aus Brasilien, Gewürze und Seide aus Asien und der nun florierende Portweinexport brachten ausserordentlichen Wohlstand für das kleine Land am Rande Europas. Der Barockstil in Portugal unterscheidet sich daher auch von den deutschen, italienischen und französischen Varianten durch seine exotischen Elemente, die reiche Verzierung mit Gold, Marmor und bemalten Fliesen.

König João V. betrieb ein anspruchsvolles Bauprogramm. Vom grossen Reichtum und Luxus an seinem Hofe angezogen, liessen sich bedeutende europäische Architekten, Maler, Bildhauer und Musiker in Portugal nieder.

Das prächtigste Gebäude wurde das vom deutschen Architekten Johann Friedrich Ludwig (João Frederico Ludovice) erbaute Mafra: Basilika, Kloster und Palast in einem Baukörper vereinigt und grösser als der spanische Escorial.

Der Bruder des Baumeisters, Johann von Ludwig, war Kanzler der Universität Halle.

Als Johann Friedrich Ludwig zu Studienzwecken nach Italien reiste, wurden die Jesuiten auf diesen herausragend begabten Protestanten aufmerksam und versuchten ihn sogleich für ihren Orden zu gewinnen. Das gelang zwar nicht, aber sie überredeten ihn immerhin zum katholischen Glauben zu konvertieren.

1707 zieht er nach Lissabon, um das Jesuitenkolleg Santo Antão zu renovieren. Als König João V. beschliesst, Kloster und Palast von Mafra zu erbauen, um ein Gelübde zu erfüllen (wenn ihm in seiner Ehe mit Maria Anna von Österreich ein Thronerbe geboren würde), be-

AUFTRAGT ER LUDWIG, DAS GEWALTIGE VORHABEN UMZUSETZEN.

MUTTER DES KÖNIGS WAR DIE 1666 IN BENRATH BEI DÜSSELDORF GEBORENE MARIA SOPHIA VON NEUBURG.

SIE WAR EINE GEBILDETE UND SPRACHBEGABTE FRAU. ALS SIE 1687 AM TEJOUFER VOM GRAFEN VON ERICEIRA IN FÜNF SPRACHEN WILLKOMMEN GEHEISSEN WURDE, ANTWORTETE SIE IN DENSELBEN FÜNF IDIOMEN. DIE IN LISSABON LEBENDEN DEUTSCHEN EMPFINGEN SIE MIT BEGEISTERUNG. ABER AUCH DIE HERZEN DER PORTUGIESEN EROBERTE SIE SCHNELL DURCH IHRE WOHLTÄTIGKEIT. ES UMGAB SIE, LAUT DEN BERICHTEN DER ZEITGENOSSEN, EIN HAUCH VON HEILIGKEIT, WENN SIE DEN ÄRMSTEN ESSEN BRACHTE ODER IHNEN GAR DIE FÜSSE WUSCH. MIT 33 STARB DIE DEUTSCHE AUF DEM THRON PORTUGALS, DEREN SOHN EINE ENORME BAUTÄTIGKEIT IN LISSABON UND UMGEBUNG ENTWICKELN SOLLTE, ERMÖGLICHT DURCH DE REICHTÜMER AUS ÜBERSEE.

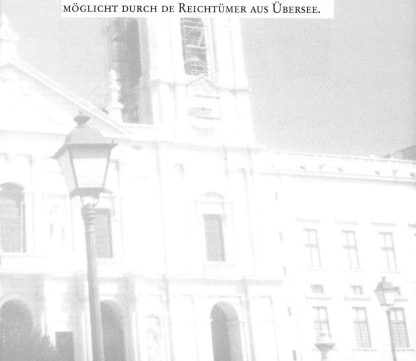

Mehr als 30 Jahre im Dienste
der deutschen Gemeinde in Lissabon –
Hildegard Margret Jusek

Hildegard Margret Jusek

Weit draußen am Atlantik, in Praia das Maçãs (Apfel-Strand), lebt Hildegard Jusek mit ihrer Familie. Das hindert sie nicht, seit mehr als 30 Jahren eine tragende Rolle in der Lissabonner Gemeinde zu spielen. Sie ist Vorsitzende des Gemeindekirchenrates, hält den Kontakt mit der EKD, leitet den Weihnachts-Basar, betreut Gruppen aus dem Ausland und pflegt den Kontakt mit portugiesischen Gemeinden wie auch zu den deutschsprachigen katholischen Brüdern und Schwestern.

Am wichtigsten aber ist ihr das Prädikantenamt, das sie seit 1998 mit großem Einsatz ausübt, nachdem sie 1997 in Augsburg/bayrische Landeskirche die entsprechende Prüfung abgelegt hatte. Dreißig Gottesdienste hält sie im Jahr, in und außerhalb der Gemeinde. Auch Taufen, Trauungen und Beerdigungen gehören zu ihren Aufgaben.

1944 wurde sie in Thüringen geboren. Ihre Eltern waren auf der Flucht. Sie wuchs in Ratingen bei Düsseldorf auf und zog später mit den Eltern nach Ingolstadt. Schon dort engagierte sie sich als Kindergottesdienstbeauftragte.

1966 zog sie mit Mann und Sohn nach Portugal. Durch eine Nachbarin kam sie zur Gemeinde.

Die Pfarrer wechseln alle paar Jahre. Deshalb sind Personen gefragt, die Kontinuität in die Gemeinde bringen.

Ihre Kirche ist für sie Heimat, es betet sich leichter in der Muttersprache. Da ist es verständlich, dass sie sich für den Fortbestand der Gemeinde mitverantwortlich fühlt, wie eine Mutter für ihre Familie. Diese kleine Gemeinde, die doch so groß ist: Lissabon, Porto, Algarve, Porto und Madeira.

Viele Gruppen kommen zu Besuch aus Deutschland, Reisegruppen, offizielle Delegationen der EKD oder des Gustav-Adolf-Werkes, Chöre und Jugendgruppen. Alle erwarten Betreuung. Im Sommer finden oft Veranstaltungen mit Mittagessen im Garten statt.

Das ist viel Arbeit für eine kleine Gemeinde, deren Mitglieder weit auseinander wohnen.

Evangelisch sein in Portugal bedeutet eine absolute Diasporasituation. Es gibt mehr Moslems als Protestanten!

Wie stark die Vorurteile Protestanten gegenüber noch sind, zeigt ein persönliches Erlebnis: Vor 15 Jahren verliebte sich ihre Tochter in einen Portugiesen, dessen Vater gar nicht begeistert von dieser Verbindung war. „Deutsche und Protestantin? Als Geliebte geht das in Ordnung, aber zum Heiraten ist das völlig unmöglich!" Inzwischen sind sie dennoch glücklich verheiratet.

So kommen neben den Aufgaben in der Kirche mittlerweile auch viele familiäre auf sie zu. Ihre Kinder sind alle mit Portugiesen verheiratet und wohnen in ihrer Nähe. Für ihre fünf Enkelkinder ist sie in der Funktion als Großmutter sehr gefragt.

Auch der Gemeinde wünscht sie viele jüngere Mitarbeiter mit neuen Ideen, die neuen Schwung in die Deutsche Gemeinde bringen.

Zum Frühstückstreffen kommen regelmäßig Frauen zusammen, die lange in Portugal leben und zum Teil eine portugiesische Familie haben, aber dennoch an ihrer evangelischen Identität festhalten möchten. Zu ihnen gehören Gisela Bach und Doris zum Hingste (⇨ TANNE), die als Kinder mit ihren Eltern im Zweiten Weltkrieg nach Portugal kamen, Hannelore Eberhardt Esteves Correia, die in Südbrasilien als Tochter eines Pfarrers geboren wurde, wo Gemeindebesuche noch mit dem Pferd absolviert wurden. Sie ist mit einem Portugiesen verheiratet. Die Familie von Elisabeth Daehnhard ist bereits seit vielen Generationen in Portugal ansässig. Sie ist eine Nachfahrin der ersten Pfarrerstochter ⇨ DOROTHEA MOLLER. Die Pfarrfrau Kirsten Ulrich-Welz leitet den Kreis mit großem Engagement und bringt theologische Impulse und Gestaltungsideen ein. Der Kreis sammelt für das GAW!

Siehe
Seite 130 f.

Siehe
Seite 119 ff.

Arbeit für die sozial Schwachen –
Ursula Jagemann Machado de Faria e Maia

Das Tor geht zu. Menschen nähern sich schweigend dem Auto und starren mich an. Ich denke an „Einer flog über das Kuckucksnest" und Angst steigt in mir auf – Platzangst.

So beschreibt Ursula Jagemann ihre erste Begegnung mit Pisao. Von der kurvenreichen, engen Straße aus, die sich fernab von größeren Ortschaften durch Pinienwälder und Heidelandschaft schlängelt, fällt das kahle, heruntergekommen wirkende Gebäude sofort auf.

Hier leben etwa 225 Männer und 65 Frauen. Geistig Behinderte, Aidskranke, Alkoholiker, Haftentlassene. Endstation im Leben derer, für die es sonst keinen Ort mehr gibt. Ein Vorleben mit Drogen, Prostitution und Gewalt haben viele hinter sich.

Ein Albtraum, berichtet Ursula Jagemann, zehn wohnen und schlafen in einem Zimmer. Alles, was sie besitzen, nimmt ein winziges Nachtschränkchen auf.

Mehr haben sie nicht. Ein Bett und dieses Nachtschränkchen. Dramatisch. Sie essen von Blechgeschirr.

Die Pflegerinnen dort sind sehr engagiert. Sie streichen selbst Wände, stellen Feldblumen hin – kurz, tun alles, was man mit Liebe und Engagement ohne Geld tun kann. Die „Misericordia" (Wohlfahrt) in Cascais, der das Heim untersteht, hat eben nicht mehr finanzielle Möglichkeiten.

Ursula Jagemann wurde 1942 in Lüneburg geboren. Nach der Schulzeit begann sie die Welt zu entdecken. Ein Jahr New York City, drei Jahre Madrid.

Bei einem Wochenendtrip lernte sie ihren Mann kennen. Portugiese aus hochangesehener adliger Familie. Selbstverständlich katholisch. 1970 heirateten sie – keine Frage: katholisch. Vorher bat der Priester den Mann zu einem separaten Gespräch. Er solle sie nach Kräften zum katholischen Glauben ziehen. Sie blieb evangelisch.

Ursula Jagemann Faria e Maia

Bald begann sie sich sozial zu engagieren. Zuerst in einem Rehabilitations-Krankenhaus für verletzte Soldaten. Das war vor 1974, dem Jahr der Nelkenrevolution. In Angola und Moçambique tobten die Kolonialkriege. Viele Minenopfer waren darunter, die Verstümmelungen davongetragen hatten oder querschnittsgelähmt waren. Ursula Jagemann erteilte ihnen Englisch-Unterricht. In der Rehabilitation wurden sie auf das Abitur oder andere Abschlüsse vorbereitet. Die Familien konnten sie oft nicht mehr aufnehmen wegen der schweren Behinderungen. Sie waren alle um die zwanzig Jahre alt und blieben oft zwei bis drei Jahre. Für die Helferinnen gab es einen zehnstündigen Einarbeitungskurs: Wie geht man mit Traumatisierten um? Er wurde von Psychologen durchgeführt.

Mit dem 25. April hatte die Freiwilligenarbeit erst einmal ein Ende. Volontäre, wie sie hier heißen, galten alle als Faschisten. Meist handelte es sich dabei um Frauen aus begüterten Familien. Zudem waren sie gut organisiert. Wem es vor der Revolution sehr gut gegangen war, der galt jetzt erst einmal als verdächtig. Portugal war jahrzehntelang von der Welt abgeschnitten gewesen. Salazar meinte, sein Volk zu beschützen, indem er es in Unwissenheit hielt. Woher sollte da bekannt sein, was eine Demokratie ist? Viele dachten erst: Das alte Regime war nicht gut. Es hatte besonders den Kommunismus und Sozialismus verteufelt. Das scheint also das Gegenteil vom Faschismus zu sein, den wir bisher hatten, also muss es etwas Gutes sein.

Wer begütert war, musste seine Söhne nicht in den Krieg schicken. Es gab da Mittel und Wege, ähnlich wie in den USA während des Vietnam-Krieges.

Ursula Jagemann hatte inzwischen Kontakt zur Deutschen Evangelischen Kirche in Lissabon aufgenommen, wo die engagierte Pfarrfrau ⇨ HELGA LAITENBERGER wirkte. Bevor sie dort mit ihrem sozialen Engagement begann, das noch bis heute andauert, erreichte sie ein Hilferuf aus dem Hospital Egaz Moniz. In der Kinderabteilung warteten die kleinen Patienten oft jahrelang auf künstliche Gliedmaßen. Die meisten waren auf Minen getreten. Prothesen waren in der „Nachkriegszeit" Mangelware. „Ich habe dort aufgehört, weil ich es emotional nicht mehr verarbeiten konnte. Viele sagten Mama zu mir. Ihre Eltern waren tot oder lebten in Afrika. Es gab auch Kinder aus Lissabon. Die Eltern brachten sie mit irgendwelchen Erkrankungen und holten sie nie wieder ab. So drückend war die Armut damals."

Siehe Seite 171

Nicht weit von der Deutschen Kirche entfernt überspannt das Aqueduto das Aguas Livres, die alte Wasserleitung, in hohen Bögen das Tal von Alcantara. Dort, wo sie im Berg verschwindet, liegt das

„Bairro da Serafina". Zunächst sieht man bunte, etwas schäbige Häuschen, in denen in der Salazarzeit Angestellte und Beamte des unteren Dienstes lebten. Je tiefer man jedoch in das Viertel eindringt, desto mehr erinnert die Bebauung an Favelas, wie man sie aus Rio de Janeiro kennt. Wellblechhütten und Holzbaracken.

Bairro Serafina unter dem alten Aquädukt

Dorthin nahm Frau Laitenberger sie eines Tages mit. Die Pfarrfrau organisierte in dem Elendsquartier mit einigen Lehrersfrauen „Essen auf Füßen". Mit Rädern, sprich Autos, wäre man durch die engen Gassen nicht vorangekommen. Padre Crespo von der katholischen Kirche war und ist dort der charismatische Leiter und Organisator.
„Ich lebte nun schon eine Weile in Portugal, aber als ich das erste Mal Serafina betrat, sagte ich zu Frau

Laitenberger: Das kann ich nicht. Das ist absolut Dritte Welt mit den Ratten und den Baracken."

„Du kannst das. Du wirst sehen. Man gewöhnt sich dran und sieht nur noch die Menschen, die unsere Hilfe brauchen."

Da hatte sie Recht. Ich bin in die Häuser gegangen und habe Essen zu den Menschen gebracht. Zu Salazars Zeiten haben in den oberen Häusern Staatsbeamte gewohnt. Während der Landflucht in den fünfziger und sechziger Jahren wurde dann viel illegal gebaut. Mit der Zeit waren es 10 000 Personen, hauptsächlich Weiße, kaum Zigeuner und Schwarze. Ein richtiger Stadtteil entstand. Es wurden Baracken und kleine Häuser kreuz und quer ohne Genehmigung selbst gebaut.

Inzwischen ist alles recht gut durchorganisiert, dank Padre Crespo. Er lebt für dieses Viertel, organisiert Geld und baut. Durch seine charismatische Art ist es ihm gelungen, große Geldsummen von Firmen und Privatleuten oder Naturalien zum Bauen wie Marmor aus dem Alentejo zu bekommen. Es gibt eine Alten-Tagesstätte, eine Kirche, Essen auf Füßen, ein Alten-Pflegeheim, Sterbebegleitung, einen Kindergarten mit Crèche (Baby-Betreuung), Hausaufgaben-Hilfe und eine Tagesstätte für geistig Behinderte. Die Deutsche Kirche engagiert sich hier finanziell und personell. Ein Teil des Gewinns aus Weihnachtsbasar und Kollekten geht nach Serafina. Auch eine Gemeinde in Hamburg schickt recht hohe Beträge. Daneben findet auch spirituelle Begegnung statt. Aus Hamburg kam ein Gospelchor, der mit großem Erfolg erst im Armenviertel und dann in der Deutschen Kirche sang.

Das Altenpflegeheim ist das Prunkstück des Viertels. Wer ins Heim kommt, darf nur einen Stuhl mitbringen. Für alles andere ist gesorgt. 125 Personen arbeiten in Küche und Pflege. Ursprünglich war das Haus als Heim für Straßenkinder gedacht, aber die Stadt Lissabon meinte, es gäbe keine solchen Kinder.

Also wurde es ein Altenheim. Finanziert wird es durch die Sozialversicherung und einen Eigenbetrag. Pro Tag werden in Serafina 650 Essen ausgegeben.

Ein Besucher kritisierte Padre Crespo kürzlich, indem er meinte, das Altenpflegeheim sei zu luxuriös für ein Elendsquartier. Darauf antwortete dieser: Es steht nirgends geschrieben, dass die Leute, die ihr Leben lang arm gewesen sind, am Ende ihres irdischen Daseins nicht etwas netter leben dürfen. Man kann preiswert und schön bauen, nicht nur billig und hässlich.

Das Bairro Serafina ist sicher der Schwerpunkt des sozialen Engagements von Ursula Jagemann, die auch dem Gemeindekirchenrat angehört. Daneben engagiert sie sich in einem Kloster, dem ein Heim für blinde Frauen angeschlossen ist, von denen ein großer Teil auch geistig behindert ist. Das Kloster Cardaes liegt im Bairro Alto, dem „hochgelegenen Viertel" Lissabons. Es ist eines der ganz wenigen Klöster, die das Erdbeben von 1755 überstanden haben. Früher lebten Karmeliterinnen in dem Barockkloster mit wunderschönen Delfter Kacheln, heute sind es Dominikanerinnen.

„Die Führungen, die ich dort anbiete, sind ein schöner Ausgleich zu der Arbeit im Elendviertel. Mein soziales Engagement verstehe ich als Dank für alles, was mir im Leben geschenkt wurde: eine wunderbare Familie und das Leben in diesem schönen Land."

»Ein ganz herrliches, gemeinnütziges Gebäude, das in dem modernen Europa nicht seinesgleichen hat, ist die berühmte Wasserleitung von Alcantara, die aus den Bergen zwischen Lissabon und Cintra das Wasser in die Stadt hineinführt. Sie ist ganz in der Art der römischen Aquäducte gebaut, nur nicht in so schönen Verhältnissen. Die einzelnen Bogen sind nicht gleich breit, man hat sich da vielleicht nach den Eigenthümlichkeiten des Terrains gerichtet; und alle sind grade oben, wo ihr Schwung am höchsten und ihre Wölbung am freisten sein sollte, platt gedrückt. Da sie durch Thäler und über Berge laufen, so ist auch ihre Höhe nicht dieselbe. Der grösste Bogen soll ein Hundert und sieben Fuss breit, und zwei Hundert und dreissig Fuss hoch sein. Diese Bogen tragen die eigentliche Wasserleitung, den kleinen übermauerten Canal, in welchem das Wasser fliesst; und neben demselben ist ein schmaler Gang, in welchem man ganz sicher und bequem gehen kann. Die Selbstmörder sollen diesen Platz vorzugsweise wählen um ihrem Leben ein Ende zu machen, indem sie sich von oben herabstürzen und zerschmettern. Vor ein paar Jahren hat man in einer Woche achtzehn Leichen beim Aquädukt gefunden und unter ihnen junge Leute aus guter Familie, wohlhabend, in glücklichen Verhältnissen lebend. Diese Umstände, verbunden mit der gar so grossen Zahl, haben denn doch die Aufmerksamkeit der Polizei erregt; man hat beobachtet und entdeckt, dass diese

Unglücklichen keineswegs Selbstmörder, sondern Schlachtopfer von Räubern waren, welche die häufigen Promenaden nach dem Aquäduct benutzten um die Leute auszuplündern, nachdem sie sie durch einen Stockschlag auf den Kopf betäubt hatten, um sie dann von oben herab zu werfen, um durch den Verdacht des Selbstmordes jeden andern zu entfernen.

Jetzt soll es auf diesem Punkt ziemlich sicher sein, und ich wandelte unverzagt oben in dem schmalen Gang. Das Wasser mündet in der Stadt in einem grossen vierzig Fuss tiefen Bassin, über welches der Kaiser Don Pedro ein schönes Gebäude errichtet hat; und alimentiert von dort die verschiedenen Fontänen.«

Aus: Hahn-Hahn, Ida von: Reisebriefe aus Spanien und Portugal. Berlin: Duncker, 1841

Helga Laitenberger (1934 bis 1991) – *die Gemeinde
fühlte sich bei ihr zu Hause*

*Sie kam in Lissabon kurz nach der Nelkenrevolution
1974 an. Es war für das Land eine unsichere, chaoti-
sche, aber auch spannende Zeit. Sie musste sich mit
Mann und drei Kindern in dieser Umbruchzeit in
einem fremden Land einleben. Sie stellte sich dieser
Herausforderung mit großem Engagement. Sie öffnete das Pfarrhaus, das zu einem gastfreundlichen
Treffpunkt wurde, nicht nur für deutschsprachige
Protestanten. Es bot auch einen Ort der Begegnung
für portugiesische evangelische und katholische
Christen und Kirchengemeinden. Vor allem Pastoren
der COPIC (Zusammenschluss von Presbyterianern,
Methodisten und Lusitanern) lernten das Pfarrhaus
in der Avenida Columbano Bordalo Pinheiro gut
kennen. Das war eine wichtige Voraussetzung für
die ökumenische Einbindung der Deutschen
Evangelischen Kirche in das portugiesische Umfeld.
Innerhalb der Kirchengemeinde widmete sie sich
unter anderem einer intensiven, vor allem musika-
lisch ausgerichteten Arbeit mit Kindern, die ihr als
Lehrerin besonders nahe lag. Sie war in der Lissabonner Zeit nicht berufstätig, engagierte sich aber
viele Jahre lang als Mitglied im Schulvorstand, dem
Trägergremium der Deutschen Schule Lissabon.
Diese verfügt über einen großen Anteil portugiesischer Schüler und Lehrer, für deren Belange sie sich
immer besonders eingesetzt hat.
Als sich eine junge Frau aus dem Barackenviertel
Campolide als Haushaltshilfe bewarb, bekam sie
Kontakt dorthin. Zunächst zu dem kirchlich, natürlich katholisch geführten Kindergarten, der von
einer Französin, Denise Bernard, geleitet wurde. Über
sie kam Kontakt zu Pfarrer Crespo im Bairro da*

Serafina unter dem Aquädukt und zu der katholischen Kirchengemeinde São Vicente de Paulo in diesem Armenviertel zustande. Helga Laitenberger hat sehr schnell gesehen, dass eine deutsche evangelische Kirchengemeinde nicht unbeteiligt in einer solchen Nachbarschaft leben darf. Und sie hat sich dafür eingesetzt, dass die Kirchengemeinde sich einerseits finanziell, andererseits durch persönlichen Einsatz engagierte. Sie brachte einen kleinen Kreis von Frauen zusammen, der bei der konkreten Betreuungsarbeit der alten, kranken Menschen mithalf. Besonders intensiv dabei war Ute Stepp, die Frau eines Lehrers. Der von Helga Laitenberger initiierte Kontakt zu Pfarrer Crespo und dem Sozialzentrum, das er inzwischen aufgebaut hat, ist bis heute geblieben. Ursula Jagemann arbeitet und koordiniert heute diese Arbeit. Die deutsche Gemeinde beteiligt sich immer noch finanziell am Aufbau und der Arbeit des Sozialzentrums. Beträchtliche Hilfen kommen auch aus Deutschland, zunächst aus der Heimatgemeinde der Laitenbergers in Hamburg, St. Bonifatius, die bis heute das Projekt unterstützt. Später kam die Gemeinde in Aumühle dazu, in welche die Familie 1986 aus Lissabon wechselte. Hier kamen im Laufe der Jahre immerhin 100 000 Euro zusammen.

Das segensreiche Weiterleben ihrer Arbeit bekam Helga Laitenberger leider nicht mehr mit. Sie starb, viel zu früh, nach einem erfüllten Leben 1991 in Aumühle bei Hamburg. Zwei ihrer Kinder haben in Portugal Familien gegründet.

BEREITS IN DER ZEIT DER KREUZRITTER HATTEN
SICH DEUTSCHE IN PORTUGAL NIEDERGELASSEN.
ALS DIE ZEITEN RUHIGER WURDEN UND HANDEL
UND VERKEHR SICH ENTWICKELN KONNTEN, SIEDEL-
TEN SICH KAUFLEUTE UND HANDWERKER AUS DEUT-
SCHEN LANDEN AN. BESONDERS UNTER DER RE-
GIERUNG DES KÖNIGS DINIZ (1279–1325), ALS DAS
LAND EINEN WIRTSCHAFTLICHEN UND KULTURELLEN
AUFSCHWUNG NAHM. SEIN HOF GALT ALS PFLEGE-
STÄTTE VON WISSENSCHAFT UND DICHTKUNST.
ZU DIESER ZEIT BETRIEB EIN HANSEATISCHER KAUF-
MANN MIT NAMEN OVERSTÄDT IN LISSABON EIN
HOLZGESCHÄFT. DIREKT AM TEJO BESASS ER EINEN
LAGERPLATZ, AUF DEM ER SICH EIN WOHNHAUS UND
EINE DEM HEILIGEN BARTHOLOMÄUS GEWEIHTE
KAPELLE ERBAUTE.
BARTHOLOMÄUS WAR DER SCHUTZHEILIGE DER HIR-
TEN UND ZAHLREICHER HANDWERKSBERUFE, SOWIE
FÜR DAS WETTER ZUSTÄNDIG.

DEM KÖNIG ABER GEFIEL DIE LAGE DES GRUND-
STÜCKS. ER WOLLTE DORT EINE GRÖSSERE KIRCHE
ERBAUEN. OVERSTÄDT VERHANDELTE MIT DEM KÖ-
NIG. SCHLIESSLICH TAUSCHTE ER SEIN GRUNDSTÜCK
GEGEN EIN ANDERES EIN, BAT ABER DARUM, DASS DIE
BARTHOLOMÄUSKAPELLE IN DER KÖNIGLICHEN KIR-
CHE ALS SEITENKAPELLE ERHALTEN UND SEIN EIGEN-
TUM BLIEBE. DER KÖNIG WILLIGTE EIN.
1291 WURDE DIE NEUE KIRCHE VOLLENDET UND DEM
HEILIGEN JULIAN GEWEIHT. DIE ANGESCHLOSSENE
KAPELLE WURDE BALD ZUM GOTTESDIENSTLICHEN
TREFFPUNKT DER IN LISSABON ANSÄSSIGEN DEUT-
SCHEN.

Im 15. Jahrhundert besass die deutsche Gemeinde einen eigenen Begräbnisplatz und zeitweise sogar ein eigenes Krankenhaus, das »Bartholomäus-Hospital«.

In der Zeit der Entdeckungen stieg die Zahl der Deutschen stark an, die als Seefahrer bei vielen Fahrten dabei waren. Auch Fachleute, die König João in die neu gegründete Kommission zur Verbesserung der nautischen Hilfsmittel berief, wie der Nürnberger Kosmograph Martin Behaim. Er nahm an der entscheidenden Entdeckungsfahrt des Diogo Cão zur afrikanischen Westküste teil und baute den ersten Erdglobus. Behaim starb schliesslich arm und verkannt am 29. Juli 1507 im Bartholomäus-Hospital zu Lissabon.

Die Kapelle befand sich inzwischen vorwiegend im Besitz der deutschen Bombardiere: Artilleristen und Büchsenschützen, die zum Schutz von Mannschaft und Ladung auf den Schiffen mitfuhren. Sie hatten sich nach Art der im Mittelalter im Zunft- und Innungswesen üblichen Bruderschaften zu einer »Confraria dos alemaos bombardeiros« zusammengeschlossen. Diese nach Berufen und Nationen gegliederten Bruderschaften waren für die Erledigung religiöser und sozialer Aufgaben und Pflichten zuständig, wie Beerdigungen, Fürbitten für die Verstorbenen, Versorgung von Armen usw. Die Batholomäus-Bruderschaft erhielt 1593 das Privileg, zum Leichenbegräbnis mit eigener Fahne und grünen Wachskerzen zu erscheinen. Die Bruderschaft hatte für die Unterhaltung der Kapelle zu sorgen. Als Strafe für unehrbare Worte oder Handlungen mussten die Mitglieder bestimmte Beträge an die Kapelle entrichten.

Mit den deutschen und flämischen Kaufleuten zusammen bildeten sie die Bartholomäus-Bruderschaft. Als solche blieb sie nach der Auflösung des Corps der Bombardiere Anfang des 17. Jahrhunderts fortbestehen. Bereits in der Zeit der Reformation war ein Grossteil ihrer Mitglieder evangelisch. Anfangs war das noch unproblematisch, weil sie Ausländer waren. Bald aber wurden die ersten Opfer der Inquisition. Nach dem Erdbeben 1755 waren es in erster Linie lutherische Kaufleute, die Beiträge zahlten und die Verwaltung in Händen hatten.

Nach Gründung der Kirchengemeinde waren die angesehensten und wohlhabendsten Mitglieder zugleich führend in der Bartholomäusbrüderschaft. Dazu gehörte auch Adolf Friedrich Lindenberg, Schwager von ⇨ Dorothea Moller, der von 1818 bis 1830 Vorsteher der Gemeinde war. Gerade er war es, der erkannte, dass jede der beiden Institutionen ihr Besonderes hatte. Es waren Stimmen laut geworden, die sich aus einer Zusammenlegung von Gemeinde und Bruderschaft eine Vereinfachung in Verwaltung und Finanzierung beider Vereinigungen versprachen. Die Bruderschaft war ein Wohltätigkeitsverein, der nicht mit konfessionellen Interessen verquickt werden durfte. Die Kirchengemeinde andererseits sollte eine lebendige, zu Gott hin ausgerichtete Gemeinschaft sein, deren Mitglieder bereit waren, so viele finanzielle Opfer zu bringen, dass sie sich selber tragen konnte, eben keine Aktiengesellschaft, die von den Zinsen eines Vereinsvermögens lebt. Das schliesst nicht aus, dass die Kirchengemeinde von der Bruderschaft gefördert wird. Es kam immer wieder zu Konflikten zwischen Gemein-

Siehe Seite 119

de und Bruderschaft, aber die gemeinsame segensreiche Arbeit überwog.

Von den vielen im Mittelalter entstandenen
Bruderschaften ist sie die einzige, die in der
säkularisierten Form einer interkonfessionel-
len Wohltätigkeits-Einrichtung, die z. B. ein
Seniorenheim in Estoril betreibt, bis zum heutigen Tag erhalten blieb.

Meine Geschichte als protestantische Christin –
Alexandra Mara Ferreira da Silva, Journalistin
und Präsidentin des Jugendreferates
der Presbyterianischen Kirche

Mein Name ist Alexandra Mara Ferreira da Silva
Gomes Figueiredo, aus persönlichen Gründen be-
nutze ich die beiden letzten Namen nicht.
Geboren wurde ich am 10. Juni 1978, dem portugiesischen Nationalfeiertag, der nach unserem größ-
ten Dichter „Dia de Camoes" heißt, in Lissabon.
Meine Familie ist afrikanischen Ursprungs und ganz
und gar katholisch, zumindest was die mütterliche
Seite angeht. Zur väterlichen habe ich keinen Kontakt. Meine Eltern waren nie verheiratet, lebten jedoch einige Jahre zusammen. Als ich anderthalb
Jahre alt war, wurde meine Schwester Tania geboren, und als ich drei wurde, trennten sich meine Eltern. Meine Mutter, meine Schwester und ich lebten
nun bei den Eltern meiner Mutter. Seitdem haben
sich mein Vater und dessen Familie völlig zurückge-
zogen und seit vielen Jahren habe ich nichts mehr
von ihnen gehört.
Mit fünf Jahren zogen wir nach Montijo, am Fluß
gegenüber von Lissabon gelegen. Dort wuchs ich in
einem sozialen Brennpunkt auf, wo nur Menschen
lebten, die sozial und wirtschaftlich am untersten
Rande der Gesellschaft lebten. Die Wohnung hatte
zwei Zimmer, in denen wir mit sechs Personen lebten, wir drei, meine Großeltern und mein jüngster
Onkel. Mehr als 15 Jahre lebten wir so.
Bis ich sieben Jahre alt war hatte ich keinen Kontakt
zu irgendeiner Kirche. Das hatte darin seinen Grund,
dass meine Mutter anlässlich meiner Taufe sehr von
dem katholischen Priester enttäuscht wurde. Er wei-
gerte sich, mich zu taufen, weil meine Eltern nicht
verheiratet waren. „Gott richtet die Menschen nicht,
nur weil sie nicht verheiratet sind", sagte sie zu dem

Priester. Schließlich überzeugte sie ihn in langen Gesprächen und ich wurde getauft, aber der bittere Nachgeschmack blieb.

Obwohl ich bis zum Alter von sieben Jahren keinen Kontakt zur Kirche hatte, kannte ich schon einige Gebete. Unsere Nachbarn begannen die evangelische (presbyterianische) Kirche in Montijo zu besuchen. Mein jüngster Onkel begleitete sie immer öfter und schließlich ging ich auch mit. Meine Mutter schloss sich an, weil sie feststellte, dass Protestanten anders dachten und glaubten. Die Großeltern blieben katholisch, kamen aber zu besonderen Anlässen und Festen mit.

Immer wenn meine Mutter darauf angesprochen wurde, warum sie es ihren Töchtern erlaube, in die evangelische Kirche zu gehen, entgegnete sie, sie wünsche eine christliche Erziehung für ihre Töchter und die sähe sie bei den Protestanten besser und ehrlicher gewährleistet als bei den Katholiken.

Einige Jahre später wuchs mein Onkel aus der Jugendarbeit heraus. Tania und ich gingen weiterhin jeden Sonntag in die Kirche. Als wir älter wurden, nahmen wir an anderen kirchlichen Aktivitäten teil, z. B. an den Feriencamps, schließlich übernahmen wir Aufgaben in den Organen der Kirche auf nationaler Ebene.

Seit 20 Jahren nehme ich teil am Leben dieser Kirche und genauso lange habe ich das Gefühl, darin geboren worden zu sein, obwohl es ja nicht so war. Ich bin so mit ihr verbunden, dass ich vom 14. Lebensjahr an unsere Jugendarbeit in Generalversammlungen des Jugendreferates vertrete. Mit 16 übernahm ich Aufgaben im Jugendreferat selbst. Mit 20 war ich zum ersten Mal Präsidentin desselben.

Während dieser Jahre war ich in der Leitung der Sonntagsschule und von Ferienlagern engagiert, ebenso in der nationalen Ökumenischen Gruppe, in der die Kirchen der COPIC und die katholische Kirche zusammenkommen. All diese Erfahrungen haben mein Leben und meine Persönlichkeit geprägt.

Ich sah überfüllte Gottesdienste, bei denen viele vor der Tür die Gebete mitsprachen und die Predigt hörten. Heute werde ich Zeugin von leeren Kirchen, in denen hauptsächlich ältere Menschen sitzen. Aber ich bleibe zuversichtlich, was die Zukunft angeht, da in der Sonntagsschule genügend Kinder sind, die einmal wieder die Gottesdienste füllen werden.

Meine Arbeit in der Kirche erschöpft sich nicht in diesen Dingen. Sie ist sehr bestimmt durch Freundschaften, die mich über die Jahre getragen haben und die mir Kraft geben in Momenten der Niedergeschlagenheit. Ich glaube auch, dass Gott durch diese Freundschaften zu mir spricht, wenn ich ihn – aus welchem Grund auch immer – nicht hören kann, oder wenn ich daran zweifle, was mein Herz mir sagt.

Bereits sehr früh entwickelte sich bei mir der Wunsch Journalistin zu werden. Dass ich es seit fünf Jahren bin, zeigt mir, dass Gott mir den richtigen Weg gezeigt hat. Die Ausbildung war schwierig, aber sehr bereichernd. Ich bemühte mich, den Kursus in der Mindestzeit zu schaffen, um so schnell wie möglich mit der Ausübung des Berufes beginnen zu können.

Als ich mich für die Ausbildung entschied, war mein Wunsch, nicht nur über das Tagesgeschehen zu schreiben. Ich wollte in die abgelegensten Winkel der Erde reisen, an Orte, von denen niemand spricht und über Gutes und Schlechtes dort schreiben, über die Art, wie man dort das Experiment Leben angeht.

Für mich sollte ein Journalist jemand sein, der nicht etwa schreibt, um zu gefallen oder Aufsehen zu erregen, sondern jemand, der ein Botschafter der Schöp-

fung ist, wie sie ursprünglich war und wie der
Mensch sie verändert hat. Das ist mein Ziel.
Meine Gabe, schreiben zu können, wird auch von
der Kirche genutzt. Ich bin verantwortlich für „Bo-
letim de Estudos e Informacoes" und „Espaco Aber-
to" und bin „Korrespondentin" einer Zeitschrift, die
die presbyterianische Kirche gemeinsam mit der methodistischen herausgibt.

Dankbar bin ich für meinen Werdegang und die
Geschichte meiner Familie. Meine Mutter, die von
Beruf Lehrerin ist, durchlebte eine sehr schwierige
Zeit, als sie ihr Heimatland Angola verließ. Es war
während des Unabhängigkeitskrieges, der 1974 begann. Eigentlich war alles ein Irrtum. Mit meinem
Großvater zusammen wollte sie mit dem Flugzeug
innerhalb Angolas von einer Stadt zur anderen flie-
gen . Das Flugzeug aber bekam Anweisung, niemanden in Luanda aussteigen zu lassen, tankte auf und
flog mit allen Insassen in die portugiesische Hauptstadt. So kam meine Mutter in Lissabon mit wenig
Gepäck und ohne eine Ahnung, wie es weitergehen
sollte an. Sie besaß nur afrikanische Sommerklei-
dung. In Portugal war Winter. Monatelang lebten sie
als Flüchtlinge und litten unter Kälte und Feuchtig-
keit. Sie standen in langen Schlangen für Papiere und
Essen an. Zuhause hatten sie alles gehabt und alles
zurücklassen müssen. Langsam wurde es besser.
Andere Familienangehörige kamen und gemeinsam
war das Leben erträglich. Beunruhigende Kunde
kam aus Angola. Der Krieg forderte dort grausame
Opfer. Nun war sie froh, in Portugal zu sein.
Nur die finanziellen Sorgen bestimmten weiterhin
ihr Leben. Trotzdem gelang es ihr, zwei Töchter
großzuziehen, die heute Journalistin und Erzieherin
sind und sie kümmerte sich um ihre Eltern. Die
Kraft dieser Frau wird immer ein Beispiel für mich
sein, wie Gott in den Schwachen mächtig ist. Mein
Leben und meine Erfahrungen mit den Menschen in

der presbyterianischen Kirche hat mir geholfen, die Welt mit anderen Augen zu sehen. Mit Sicherheit ist die christliche Bildung, die ich in dieser Kirche durch die Älteren und die vielen Freunde erhielt, eine große Hilfe für mich. So bin ich zu der Frau geworden, die ich bin, mit den Werten, die ich habe, und mit dem Glauben, der mich bewegt.

Wenn mich jemand fragen würde, welcher Bereich der Kirche mir besonders wichtig ist, wüsste ich es nicht zu sagen. Ich sehe die Kirche als Ganze, und sie ist für mich, trotz aller ihrer Probleme, eine Säule meines Lebens. Mit den Kindern, den Jugendlichen, den Erwachsenen, den Alten, mit der Arbeit in der Ökumene und der Öffentlichkeitsarbeit fühle ich mich erfüllt und dankbar. Ich fühle, wie Gott mich jeden Augenblick berührt, in guten wie in schlechten Tagen. Ich spüre jeden Tag, dass ich eine Mission erfüllen darf, indem ich mein Leben mit anderen teile.

Kindheit in Portugal –
mein Leben als deutsche Portugiesin

Birgit und Ingrid Schüppel 1949

In einer politisch unseligen Zeit wurde ich 1939 als Tochter deutscher Eltern in Lissabon, der kosmopolitischen und dynamischen Hauptstadt Portugals, geboren. Das Land war arm und bescheiden, geprägt von vielen unterschiedlichen Zivilisationen und Kulturen.

Während des Zweiten Weltkrieges war es Minister-
präsident Salazar gelungen, die Neutralität Portugals
zu behaupten und damit meiner Familie Sicherheit
zu bieten. Viele Deutsche pflegten gesellschaftlichen
Verkehr mit Angehörigen anderer Nationen und
wollten damals nicht glauben, was zu der Zeit in
Deutschland geschah. Sie haben auch in der späteren
„Wirtschaftswunderzeit" versucht, diese Epoche als
einen bösen Traum zu verdrängen und zeigten sich
entsprechenden Fragen ihrer Kinder gegenüber un-
zugänglich.

Während Salazars starrer Diktatur wurde ein großer
Teil des Volkes in Unwissenheit gehalten. Das Wahl-
recht hatten nur etwa 16 % der Bevölkerung. Analphabeten und Frauen ohne Gymnasialabschluss
waren von den Wahlen ausgeschlossen. Durch die
Zensur bekamen wir nur das in den Zeitungen zu
lesen, was staatskonform war.

Als Jugendliche – ich hatte, da in Lissabon geboren,
automatisch die portugiesische Staatsangehörigkeit
– war ich Mitglied der „Mocidade Portuguesa". Wir
erhielten Unterricht in hausfraulichen Fächern, nahmen teil an Sport und Spielen. Abgesehen von der
Tatsache, dass wir Uniformen trugen und zu politischen Feiertagen sowie zu Salazars Geburtstag in
Formation aufmarschierten, habe ich in dieser Ju-
gendorganisation keine Beeinflussung erfahren.

In Lissabon, dieser zauberhaften Stadt mit paradie-
sischer Umgebung und teilweise noch altmodischen
Lebensgewohnheiten, begegnet man überall einem
enormen Reichtum an Kultur und Geschichte. Ein
großer Teil des bewegten Alltagslebens spielte sich
in der Mitte des vorigen Jahrhunderts noch auf den
Straßen ab: Lange Gespräche, laute Rufe von Ver-
käufern, die ihre Waren feilboten. Auf dem Kopf
balancierten die Frauen dabei die Fische, Brote oder
anderen Dinge, was ihnen einen sehr aufrechten
Gang verlieh. Hitzige Streitereien wurden oft von
den Umstehenden geschlichtet. Es gab auch anrüh-

rende Szenen, z. B. schlossen sämtliche Läden in unserer Straße zur Stunde der Beerdigung meiner Mutter. Der Schuster Senhor José stellte sämtliche blank geputzten Schuhe des Personals der spanischen Botschaft auf den Bürgersteig, damit unmissverständlich klar war, dass er den Auftrag anlässlich des Besuches von General Franco erhalten hatte.

Im Zweiten Weltkrieg war Lissabon nicht nur Sammelpunkt für Verfolgte und Zwischenstation für Flüchtlinge, die weiter nach Amerika reisen wollten, sondern auch Hochburg der Spione. Während und nach dem Krieg wählten Exkönige und Reiche den vornehmen Vorort Estoril als Exil und ließen sich gern von einer für Ruhe und Ordnung sorgenden Diktatur schützen. So sah ich oft den heutigen König von Spanien Juan Carlos am Strand oder Exkönig Umberto von Italien auf der Veranda seiner Villa.

In Lissabon bin ich zur Schule gegangen. Zunächst noch in den Kindergarten der Deutschen Schule, die sich gegenüber der Deutschen Evangelischen Kirche befand. Auf Initiative der evangelischen Kirchengemeinde ist die Schule 1848 gegründet worden. Pfarrer Karl Friedrich Schütze hatte den schlechten Besuch seiner Gottesdienste beklagt, was er darauf zurückführte, dass seine in Lissabon ansässigen Landsleute kein ausreichendes Deutsch mehr sprachen. Er wandte sich an den Gustav-Adolf-Verein in Leipzig und bat um Unterstützung bei der Gründung einer Schule, die auch gewährt wurde. Die ersten Jahre war es eine reine Knabenschule, 1869 kam eine Mädchenabteilung dazu.

Wie alle anderen deutschen Institutionen mit Ausnahme derjenigen, die auf einen portugiesischen Namen eingetragen worden waren, wie die Deutsche Evangelische Kirche, wurde im Mai 1945 die Deutsche Schule geschlossen und einer alliierten Kommission übergeben. Das gesamte Schuleigentum wurde öffentlich versteigert. Kurz vor Ende des Schuljahres verblieben 360 Schüler ohne Schule. Mein Vater war dort Lehrer gewesen und verlor nun seine Arbeit. Ich erhielt mit einigen deutschen Kindern vier Jahre lang privaten Grundschulunterricht, den ehemalige Lehrer in ihren Wohnungen erteilten. Dann bestand ich die Aufnahmeprüfung am „Liceu de Maria Amália", deren damalige, nicht gerade deutschfreundlich gesinnte Direktorin mich übermäßig hart prüfte. Es herrschte ein strenges Regiment. Nach jeder Jahrgangsstufe wurde „extern" geprüft, d. h. nicht durch die eigenen Lehrer. Die Ergebnisse wurden für alle sichtbar veröffentlicht. Jedes Mal schaffte ein hoher Prozentsatz die Versetzung nicht. Eine Lösung bot sich an, indem man die Lehrerin des Problemfaches zur „madrinha de crisma" – zur Firmpatin wählte. In diesem Land, in dem fast jeder katholisch war oder zu sein behauptete, war ich eine der ganz wenigen Protestantinnen und wurde, obwohl vom Religionsunterricht eigentlich befreit, durch meine Eltern aufgefordert, im „Marianischen Jahr" aus Respekt vor meinen Klassenkameradinnen am Fest von deren Erstkommunion teilzunehmen. Diese fand in der Aula der Schule in Anwesenheit des Patriarchen von Lissabon, dem persönlichen Freund Salazars, Cerejeira, statt. Ich reihte mich ein unter die kleinen Bräute, die seinen Segen erbaten, und auf eine Bemerkung meiner Klassenlehrerin hin, zupfte er an meinen langen Zöpfen und sagte: „Auch du wirst in den Himmel kommen, Engelchen!" Das habe ich nie vergessen.

In der Schule sammelten wir fleißig für die Errichtung der riesigen Christusstatue „Cristo Rei", die heute segnend auf die Stadt schaut. Auf einer 110 Meter hohen Erhebung am südlichen Tejo-Ufer wurde sie von den Müttern Portugals errichtet, zum Dank dass ihre Söhne aus dem Zweiten Weltkrieg herausgehalten wurden. Der Kardinal-Patriarch von Lissabon sah 1934 auf einer Brasilienreise die Christusstatue bei Rio de Janeiro, und bei einer Versammlung in Fatima 1940 legten die portugiesischen Bischöfe das Gelübde ab, den Bau einer solchen Christusstatue in Auftrag zu geben, wenn Portugal nicht in den Zweiten Weltkrieg einbezogen würde. Die Mütter sammelten. 1949 erfolgte die Grundsteinlegung, 1959 weihte man das Denkmal ein. Das Gnadenbild von Fatima wurde zur Feier hertransportiert, Papst Johannes XXIII. hielt eine Radioansprache. Von der Plattform aus hat man einen einzigartigen Blick auf Lissabon.

Zuhause wurden wir konservativ, streng aber liebevoll erzogen. Die Verhältnisse im friedlichen Ausland erlaubten einen gehobeneren Lebensstil und eine Erziehung zur „höheren Tochter". Wir erhielten Privatstunden in Konversation (Französisch und Englisch), Musik, Sport und rhythmischem Tanz, damit wir uns einen graziösen Gang angewöhnten. Die schönste Zeit waren da die dreieinhalbmonatigen Sommerferien. Am Meer halfen wir den Fischern beim Einholen ihrer Netze und wir erlebten völlige Freiheit auf dem Lande im hohen Norden bei Freunden meiner Eltern. In den 40er Jahren gab es dort weder Strom noch fließendes Wasser, weder befahrbare Straßen noch Transportmöglichkeiten. Wir erreichten unser Ziel auf vollbeladenen Ochsenkarren, die knarrend über Schotterwege holperten. In dieser Gegend sind oft Ochsen auf Kirchentüren abgebildet, um ihnen auf diese Weise für ihre Mühe und Geduld zu danken. Nach Sonnenuntergang gingen wir schlafen. Die Hausfrau mit ihren sieben Kindern in einem Zimmer, der Vater im Einzelzimmer. Früh standen wir auf, um im Gänsemarsch Wasser aus dem Brunnen zu holen. Die Hausfrau war dann schon lange tätig, hatte für alle gemolken, gebuttert und gebacken. Heute erst wird mir klar, was diese ruhige, stets liebenswürdige Frau neben der Betreuung ihrer vielen Kinder geleistet hat, nachdem ihr Mann nach dem Krieg seinen Beruf als Lehrer an der deutschen Schule in Porto aufgeben musste.

Gerade nach Kriegsende war die deutsche Kirche ein Sammelpunkt, nicht selten über die Grenzen der Konfession und Nationalität hinaus. Pfarrer Thomas war es gelungen, in den Kriegszeiten trotz Drohungen und Verlockungen von Seiten der NSDAP, die Unabhängigkeit der Gemeinde zu wahren. Der Pfarrer und seine Frau versuchten die Gemeinde aus der Politik herauszuhalten. So waren beide sowohl mit dem deutschen Gesandten wie auch mit dem amerikanischen Botschafter und seiner Familie befreundet, beides überzeugte evangelische Christen. Leider waren nicht alle so weltoffen und so kam es bald zu persönlichen Verdächtigungen und Verleumdungen gegenüber dem Pfarrer. Dieser brach später deswegen und aus Überarbeitung zusammen. Er leitete hunderte von Suchverfahren vermisster Deutscher ein, arbeitete mit dem portugiesischen Roten Kreuz zusammen, sammelte für das Hilfswerk der Evangelischen Kirche in Deutschland und kümmerte sich um die in soziale Notstände geratenen Deutschen. Auch im schönen, äußerlich vom Krieg verschonten Lissabon spielten sich nun persönliche Dramen ab. Ein Jahr lang erfuhr man fast nichts aus der Heimat, hörte nur Gerüchte und furchtbare Vermutungen. Einige setzten ihrem Leben ein Ende, weil sie finanziell am Ende waren oder auch weil ihr Weltbild völlig zusammengebrochen war. Auch als Kind bekam ich viel davon mit. Eine große Unsicherheit griff um sich, das Vertrauen unter den Deutschen wich Angst und Misstrauen. Manche haben gar nicht begriffen, was passiert war oder wollten es nicht wahrhaben.

Frau Thomas schaffte das Unglaubliche, die Kirchenmusik, die ihr am Herzen lag, weiterzupflegen. In den Weihnachtstagen 1947 wurde auf ihr Betreiben hin das Weihnachtsoratorium von Johann Sebastian Bach in der überfüllten Kirche zur Aufführung gebracht.

Trotz der schwierigen Zeiten war und blieb die Kirche ein Mittelpunkt des Lebens. Dort war ich im Herbst 1939 getauft worden. Paten und Großeltern mussten das Land wegen des Kriegsausbruchs mit dem letzten Schiff vorzeitig verlassen. Am Palmsonntag 1954 wurde ich dort konfirmiert. Ohne Eltern, denn meine Mutter war ein Jahr zuvor verstorben und mein Vater aus beruflichen Gründen bereits in Deutschland. So entschieden Pfarrer und Kirchenvorstand, dass die Konfirmanden das Abendmahl gemeinsam am Altar und nicht, wie sonst üblich, mit ihren jeweiligen Eltern erhalten sollten, um das „Waisenkind" seine Einsamkeit nicht spüren zu lassen. Heute noch bin ich für das liebevolle Verständnis dankbar. Ebenso der Mutter einer Mitkonfirmandin und Freundin, die mir und meiner Schwester als Kriegerwitwe ein Jahr lang das Elternhaus ersetzte und mit dafür sorgte, dass mir dieser Konfirmationstag in schöner Erinnerung geblieben ist.*

Es war eine herrliche Kindheit, nur getrübt durch Mutters Krebserkrankung und ihren frühen Tod. Aber gerade in dieser schweren Zeit hatten wir Gelegenheit, den Zusammenhalt der deutschen Gemeinde kennen- und schätzen zu lernen, die in unsagbar fürsorglicher und liebevoller Anteilnahme bemüht war, unsere Familie zu unterstützen.

Mit der Konfirmation endete bald meine Kindheit in Portugal. Zu meiner Überraschung bat mich die gestrenge Schuldirektorin in ihr „Allerheiligstes", um mich liebevoll zu verabschieden und mir für meine Zukunft in Deutschland alles Gute zu wünschen.

Sowohl in meinem Elternhaus als auch in der Schule habe ich den respektvollen Umgang mit Religion, Tradition und Gewohnheiten anderer gelernt. Tiefe Wurzeln verbinden mich daher sowohl mit Deutschland als auch mit Portugal.

Portugal danke ich für diese Kindheit.

* Bei ihr handelt es sich um Grete Jahnke (1910 bis 1996), die vielen als Mitarbeiterin des Goethe-Institutes in Lissabon bekannt wurde.

Ihre Mutter starb, als sie 17 Jahre alt war, woraufhin sie das Gymnasium verlassen musste, um in Leipzig Krankenschwester zu werden. 1933 fuhr sie nach Lissabon, um dort ihren Bruder zu besuchen. Sie wollte nicht lange bleiben. Es wurden dann 60 Jahre. Sie lernte dort ihren Mann kennen, der ebenfalls nicht lange in Portugal bleiben wollte. Er blieb und handelte mit Kork. Er fiel am 7. April 1945 bei Karlsruhe. Grete Jahnke blieb mittellos mit zwei kleinen Töchtern zurück. Die ⇨ BARTHOLOMÄUSBRUDERSCHAFT unterstützte sie zwar, aber das reichte bei Weitem nicht zum Leben. Also begann sie Deutschunterricht zu erteilen. Später rief man sie an das Lissabonner Goethe-Institut, wo sie jahrzehntelang unterrichtete und bei allen Portugiesen, die Deutsch lernten, zur Institution wurde.

Sie heiratete nie wieder und trauerte ihrem Mann ein Leben lang nach. Aber sie stellte auch fest, dass sie, wäre er am Leben geblieben, nie so erfolgreich und glücklich in ihrer Arbeit hätte sein können, wie sie es war.

„Es ist mir klar geworden, dass man von seiner eigenen Mitte aus leben soll; das ist nicht leicht, wenn man sich immer zu sehr auf die Umwelt eingestellt hat."

„Das Wesentliche im Leben ist nicht die Kritik am Menschen, sondern das Verständnis für ihn."

(Zitate von Grete Jahnke)

(Informationen von Ingrid Meurer, geb. Schüppel über ihre Kindheit und Dr. Isolde Jodan / USA über ihre Mutter Grete Jahnke)

*Siehe
Seite 173*

Alice Salvador im Pfadfinderraum

Verlässt man Lissabon über die Ponte 25 de Abril, so gelangt man in die Estremadua Transtagana. Vorbei an der segnenden Christusstatue fährt man an kilometerlangen Sandstränden und Pinienwäldern der Costa da Caparica entlang, dem bevorzugten Ausflugsziel der Lissabonner.

Hat man die Caparica hinter sich gelassen, gelangt man in eine andere Welt, scheinbar weit entfernt von der Metropole Lissabon.

Das windumtoste Cabo Espichel, wo eine abgelegene Wallfahrtskirche hoch über dem Meer auf steilen Klippen thront. Große Schilder warnen die Besucher davor, von Sturmböen in die Tiefe gerissen zu werden. Die lang gestreckten Gebäude mit Unterkünften für Pilger, die Johann V. erbauen ließ, stehen gespenstisch leer.

Einmal im Jahr erweckt die Wallfahrt der Fischer diese Gegend zum Leben. Der Legende nach bestieg einst Maria auf einem Maultier, aus dem Wasser kommend, den Felsen. Fußspuren sind noch zu sehen.

Weiter geht es in Richtung Palmela, zur Quinta do Prado. In der Ferne sieht man bereits die hoch gelegene Burg, einst stärkste und sicherste Festung der Mauren im Süden Portugals. Nachdem Afonso Henriques sie 1166 erobert hatte, übergab er sie dem Jakobus-Ritterorden, der aus der Moschee eine Kirche machte und die Burg zum Hauptsitz ausbaute.

Oben auf der Burg bin ich mit Pastor Salvador verabredet. Von dort zeigt er den Weg zur Quinta do Prado, dem Seniorenwohnheim der Presbyterianischen Kirche.

Die älteste Einwohnerin der Quinta do Prado

Auf der Quinta empfängt mich Alice Salvador, Frau des Pastors und seine engste Mitarbeiterin. Sie erledigt die Verwaltungsarbeit, ist aber auch zur Stelle, wenn am Wochenende jemand gewaschen werden muss. Sie deckt Tische und assistiert dem Arzt, der regelmäßig ins Heim kommt.

Auf einem ehemaligen $2^{1}/_{2}$ Hektar großen Bauernhof in Palmela steht das Heim für Menschen in der dritten Lebensphase. Lange waren Altenheime in Portugal kaum zu finden. Das lag am Zusammenhalt der Familien, die stets versuchten, sich um Eltern und Großeltern selbst zu kümmern. Inzwischen hat sich die Gesellschaft auch hier Europa angepasst. Die Wohnungen sind klein, Frauen und Männer arbeiten den Tag über, so dass keine Zeit bleibt, sich um einen alten Menschen zu kümmern.

Die Kirche setzte sich zum Ziel, eine Einrichtung zu schaffen, in der die Senioren nicht nur äußerlich versorgt sind, sondern ein ausgefülltes Leben führen können. Mit viel Geld kann man so etwas problemlos bewerkstelligen, aber wie macht das eine arme Kirche für mittellose Senioren?

Da viele aus dem bäuerlichen Milieu kommen, bot sich die Betätigung in Hof und Garten der Quinta an. Im Rahmen der persönlichen Möglichkeiten sind sie eingebunden in den Anbau von Blumen und Gemüse.

Alice Salvador stammt nicht aus einer protestantischen Familie. Ihre Mutter war nicht praktizierende Katholikin, der Vater unkirchlich. „Ich weiß nicht, was er war."

Eine Freundin nahm sie mit in die evangelische Kirche, als Alice 15 war. Mit 16 nahm sie teil an einem Arbeitscamp der Gemeinde. Eine Mauer sollte errichtet werden. Dabei begegnete sie einem dynamischen jungen Mann. Heute ist sie mit ihm seit 40 Jahren verheiratet. Es war damals nicht einfach zu heiraten. José leistete seinen Militärdienst in

Moçambique, der sich zu Kolonialzeiten über mehrere Jahre hinziehen konnte. So entschlossen sie sich zur Ferntrauung.

Alice machte eine Ausbildung zur Grundschullehrerin in Coimbra und arbeitete einige Jahre als Lehrerin.

Als sie in Coimbra studierte, sagte ihre Mutter zu ihr: Sag nicht, dass du evangelisch bist. Du sollst schließlich keine Nachteile haben.

Protestanten wurden nicht verfolgt, aber sie bekamen überall eine Note schlechter. Die Lieblingsstudenten waren die, die in der katholischen Kirche engagiert waren.

Es war die Zeit der beginnenden Studentenunruhen Anfang der sechziger Jahre (wegen der Kolonialkriege, nicht zu verwechseln mit unseren im Jahre 1968).

Eine Studentin aus Cabo Verde, die offen sagte, dass sie für die Unabhängigkeit Afrikas war, bekam – völlig unbegründet – so schlechte Noten, dass sie nicht weiterstudieren konnte.

Die Haushälterin des Pfarrers, die in der damaligen Gesellschaft eine wichtige Rolle spielte, erklärte, Alice würde niemals die Erlaubnis bekommen, einen Pfarrer zu heiraten. Eine Lehrerin durfte niemanden heiraten, der weniger verdiente als sie. Lehrerinnen brauchten die Genehmigung der Regierung, um zu heiraten. Der Anwärter musste sein Gehalt offenlegen. Da José bei der Truppe war, erhielten sie die Erlaubnis, zu heiraten.

Es gelang ihr schließlich, eine Stelle in einer Schweizer Mission in Lourenço Marques zu bekommen. José war in Nampula, im Norden des Landes, wo er als Instrukteur in einer Militärschule angestellt war. Er bildete Mosambikaner zu Soldaten aus. Diese kamen oft aus dem Busch, sprachen kein Portugiesisch, besaßen keine Kleidung, aßen mit den Fingern und konnten weder lesen noch schreiben.

In Nampula gab es keine presbyterianische Kirche. Der portugiesische Staat verbot nördlich von Beira evangelische Missionen. Dort war politisch unruhiges Gebiet und die Missionen wurden oft von ausländischen Kirchen geleitet. Der Staat wollte keine Einflussnahme aus dem Ausland haben.

Dennoch lebten einige presbyterianische Familien im Norden, um die sich José kümmerte. Er hatte bereits drei Jahre Theologie studiert und wollte das Studium nach seiner Rückkehr abschließen.

Gemeinsam mit Eugenio Chivite baute er eine Gemeinde auf.

José ging zum Polizeichef und sagte: „Ich weiß, dass Missionen hier verboten sind, aber ich bin kein Ausländer. Ich arbeite für das portugiesische Militär."

Von da an gab es keine Probleme mehr. Die Arbeit gedieh prächtig. Bald kamen 200 Menschen in die Gottesdienste.

Als Alice nach Lourenço Marques kam, wurde auch José dorthin versetzt und endlich konnten beide in der Kirche in der Hauptstadt heiraten.

Als das Ehepaar Salvador später nach Portugal zurückkam, wurde Josés von dort geflüchteter Zimmergenosse, Dr. Felix Khosa, Pastor in Ampula und brachte die Kirche dort zu großer Blüte.

Das Studentenwohnheim der evangelischen Kirche in Portugal beherbergte viele Afrikaner. Die PIDE verhaftete oft Studenten.

In Portugal arbeitete Alice wieder in Schule und Kirche und das blieb so bis heute. Arbeit mit Kindern und Jugendlichen, Folkloregruppen, Verwaltung der Quinta do Prado. Oft springt sie ein, wenn jemand fehlt, z. B. beim Waschen der Senioren, beim Frühstück-Austeilen usw.

Heute leben etwa 50 % Protestanten im Heim. Nicht selten kommt es vor, dass jemand evangelisch wird, nachdem er ins Heim gekommen ist.

Niemand wird „missioniert". Einmal in der Woche wird jeder, der es wünscht, zu seiner Kirche gefahren. Jeden Dienstag findet im Heim ein Gottesdienst statt.

Die Menschen spüren, dass sie hier gut aufgehoben sind.

Im letzten Jahr wurden wichtige Entscheidungen für die Zukunft getroffen. Die Anfragen werden mehr, der Bedarf an Pflege steigt auch in der portugiesischen Gesellschaft. Daneben gibt es auch neue Gesetze. An dem Gebäude muss vieles modernisiert werden. So entstand der Plan, ein größeres Gebäude zu erstellen. Die Stadt Palmela hat bereits ihre Hilfe zugesagt. Ebenso das GAW. Nun beginnt der lange Prozess des Bauens.

Einige Dinge konnten jedoch nicht aufgeschoben werden. Nachdem es durch die große Hitze im Sommer oft zu gesundheitlichen Problemen gekommen war, half die Stadt finanziell beim Einbau von Klima-Anlagen in Wohn- und Aufenthaltsräumen. So blieben in diesem wiederum außergewöhnlich heißen Sommer die alten Menschen vor Problemen geschützt, die Temperaturen von über 40 °C mit sich bringen.

Durch die Arbeit von Freiwilligen konnte das Außengelände neu mit Gemüse bebaut werden. Die Bewässerung ist ein Problem . Es hat seit einem Jahr nicht mehr geregnet.

Die Angehörigen von Senioren in der Umgebung, die bereit sind, zu Hause zu pflegen, werden auf der Quinta fortgebildet. Die ambulante Hilfe wird immer mehr nachgefragt und soll auch ausgeweitet werden.

Ein wichtiger Teil der Arbeit sind die gemeinsamen Aktivitäten. Der Bus ist oft unterwegs in die umliegenden Orte, damit der soziale Kontakt zur Außenwelt erhalten bleibt. Dadurch können die Senioren zum Friseur, auf den Markt, zum Einkaufen oder auch zum Strand.

Einmal im Monat gestaltet die Frauengruppe der presbyterianischen Kirche in Setubal einen Nachmittag mit den Senioren. Die Frauen arbeiten dann einige Stunden ehrenamtlich im Heim, wo es gerade nötig ist. Anschließend bieten sie den Senioren ein Programm mit Liedern und anderer Unterhaltung. Nicht selten kommt es vor, dass Alice Salvador mit ihrer schönen Stimme den ⇨ FADO anstimmt.

Siehe
Seite 109

Die Quinta do Prado wird sich in den nächsten Jahren verändern, die Arbeit erweitern. Alice und José Salvador, die ihre gesamte Zeit und Energie hier investiert haben, sehen gelassen in die Zukunft, auch wenn sie selbst aus Altersgründen langsam an Rückzug denken müssen. Ihre Tochter, Dr. Rute Salvador, ist bereits jetzt dort eingearbeitet und kann sich gut vorstellen, diese Arbeit genauso zum Lebenswerk werden zu lassen, wie es bei ihren Eltern der Fall ist.

Bewohnerin der Quinta do Prado

aus: Portugal und die Portugiesen
Ein Gemälde des Landes und der Nazion
Berlin, bei Friedrich Braunes, 1810

ZUR VERBINDUNG EINER PORTUGIESIN MIT EI-
NEM PROTESTANTISCHEN AUSLÄNDER BEDARF ES DER
ERLAUBNIS DES PÄPSTLICHEN NUNTIUS. DIE KINDER
MÜSSEN KATHOLISCH ERZOGEN WERDEN, UND DIE
TRAUUNG GESCHIEHT ZWISCHEN DER KIRCHTÜRE,
SO DASS DIE KATHOLISCHE BRAUT INNERHALB UND
DER PROTESTANTISCHE BRÄUTIGAM AUSSERHALB DER
KIRCHE KNIET.

(DIES HABEN NOCH EINIGE DER DEUTSCHEN EVANGE-
LISCHEN FRAUEN UMGEKEHRT ERLEBT)

Die Blumeninsel im Atlantik gehört zu Portugal,
obwohl sie 9oo km vom portugiesischen Festland
entfernt ist. In der Hauptstadt Funchal lebt und
arbeitet Ilse Everlien Berardo. Sie wurde 1955 in
Einbeck, Niedersachsen geboren und studierte in
Göttingen und Marburg evangelische Theologie.
Seit 1981 lebt sie auf Madeira. Sie ist mit einem Portugiesen verheiratet und Mutter von drei Kindern.
Seit vielen Jahren versieht sie nun den seelsorgerli-
chen und theologischen Dienst der deutschen evangelischen Gemeinde auf Madeira – ehrenamtlich.
Sie trägt den evangelischen Glauben auch in die
Gesellschaft, die auf der Insel mehrheitlich katho-
lisch ist. Die ökumenische Arbeit liegt ihr sehr am
Herzen. Durch die Behandlung sozialethischer The-
men in den Medien (Rundfunk, Fernsehen und
Zeitung) gibt sie evangelisch-lutherischen Anliegen
außerhalb der kirchlichen Veranstaltungen eine
Stimme.

Madeira ist eine der vier deutschen evangelischen
Kirchengemeinden in Portugal. Die Muttergemein-
de in Lissabon besteht seit dem Jahre 1761. Die
anderen befinden sich in Porto und im Algarve.
Die Gemeinde auf Madeira besitzt kein eigenes
Haus und führt ihren Dienst ehrenamtlich aus. Dadurch entstehen weder Personal- noch Gebäudeer-
haltungskosten. Die Sachkosten werden durch Kollekten und Spenden abgedeckt.

Gottesdienste finden vierzehntägig in der Schottischen (Presbyterianischen) Kirche am Jardim Mu-
nicipal in Funchal statt.

Am 17. Januar 2004 fand ein Gottesdienst in der São Pedro-Kirche statt mit dem Bischof der Diözese Funchal D. Teodoro, der von Frau Berardo mitgestaltet wurde. Am Vorabend von Pfingsten lud Bischof D. Teodoro Frau Berardo als Vertreterin der Gemeinde zum Gottesdienst in die Kirche São Martinho ein, den sie wiederum mitgestaltete.

Oft macht die Seelsorgerin Krankenhausbesuche. Ihr besonderes Engagement gilt der Öffentlichkeitsarbeit in den portugiesischen Medien. Sie schreibt über die scheinbar alltäglichen Dinge, denen viele Menschen allerdings hilflos gegenüberstehen, wie zum Beispiel das Verhalten bei Beerdigungen.

Dazu gehört auch ein Artikel über den Ort der Frau in der Kirche. Darin kommt sie zu dem Schluss, dass weltweit Frauen die überwiegende Zahl der aktiven Mitglieder der christlichen Kirchen ausmachen. Frauen gehen in den Gottesdienst, lehren, pflegen, organisieren und übernehmen Lektorendienste im Gottesdienst. Nur in den evangelischen Kirchen sind sie gleichberechtigt im Pfarramt. Aber nicht die Kirche ist es, die den Frauen ihren Ort zuweist. Jede Aufgabe sollte verstanden werden als Mission, als Ruf Christi, dem Nächsten zu dienen und an der wahren Kirche mitzubauen in seinem Namen. Diese Aufgabe ist dynamisch, wie der Glaube selbst.

Heute sollte die Frage nicht mehr lauten: Wo ist der Platz der Frau in der Kirche, sondern: Worin besteht die Mission der Frauen? Jede sollte nach ihrem Gewissen antworten und handeln.

Ihre Antwort ist: Meine Mission, zu der mich Gott gerufen hat, ist es Pastorin zu sein. Und so sei es!

In unzähligen Gesprächen, Briefen und E-Mails waren viele Frauen und Männer bereit, mir sehr offen und ausführlich Auskunft zu geben über sich selbst, ihre Vorfahren oder andere evangelische Frauen in Portugal. Ihre Namen finden sie in den Kapiteln des Buches.

Besonderer Dank gilt außerdem Prof. Bernardo Jerosch-Herold, Helmuth zum Hingste (†) und dem allzeit hilfsbereiten Pfarrerehepaar Kirsten und Stefan Welz.

Zudem bekam ich wertvolle Informationen aus Archiven, auch privaten, in denen ich einzigartige Dokumente einsehen durfte. Dazu gehörten das Archiv der Deutschen Evangelischen Kirche Lissabon (Gerhard Schickert), der methodistischen Kirche in Porto (Jorge Barros), der presbyterianischen Kirche (Manuel Cardoso), die Privatarchive von Dr. Marion Erhardt und Rainer Daenhardt (beide Portugal). Auf dem Wege elektronischer Medien halfen mir Elke Dumboeck-Bayer vom Goethe-Institut Lissabon, Dr. Peter Koj von der Portugiesich-Hanseatischen Gesellschaft e. V., Hamburg; Dr. Ricarda Musser vom Ibero-Amerikanischen Institut, Berlin und Dr. Friedrich Künzel vom Evangelischen Zentralarchiv, Berlin.

Ein Friedhofsbesuch mit Gerhard Schickert und Thomas Denk führte mich in die Geheimnisse vergangener Lebensgeschichten ein.

Meinem Mann und meinen Kindern danke ich für das Verständnis und die Unterstützung in den vergangenen Monaten.

Wer nach Portugal reist, wird feststellen, dass man die geschriebene Sprache halbwegs versteht, wenn man über spanische oder lateinische Kenntnisse verfügt. Dagegen ist es praktisch unmöglich, einem Gespräch zu folgen. Als „geschwäbeltes Latein" bezeichnete meine Mutter das, mit Sch-Lauten und verschluckten Silben, reiche Idiom. Es ist nicht möglich, in wenigen Worten in alle Geheimnisse der Aussprache einzuführen. Wie wichtig aber ein paar Grundkenntnisse sind, zeigt folgendes Beispiel:

Der neue Vikar der deutschen Gemeinde hatte gewissenhaft etwas Portugiesisch gelernt und ging nun in einen Laden, um Brötchen zu kaufen. Brot heißt pão (gesprochen: *pau* mit Nasal). Als „pequeno (klein) pão" erhoffte er, ein Brötchen zu erhalten. Die Verkäuferin jedoch gab ihm, nach kurzer Überlegung, Zahnstocher. Pau ohne Nasal heißt Stock, also: kleine Stöcke.

Diphtonge, die nasaliert werden, kommen im Portugiesischen sehr häufig vor. Das *o* wird *u* gesprochen, außer in betonten Silben. Das *s* wird am Ende eines Wortes oder einer Silbe, wenn ein Konsonant folgt, *sch* ausgesprochen. Das *nh* wird *nj* gesprochen, zum Beispiel *vinho* (*vinjo* = Wein), *lh* wird *lj*.

Portugiesisch wird heute von etwa 200 Millionen Menschen weltweit als Muttersprache gesprochen. Im 15. und 16. Jahrhundert, als Portugal sein Kolonialreich aufbaute, verbreitete es sich nach Brasilien, Teilen Afrikas, Indien, Macau in China und Timor in Indonesien. Heute ist Portugiesisch Amtssprache in Brasilien, mehreren Staaten Afrikas und Timor. Daneben gibt es etwa zwanzig Creolsprachen (Mischsprachen) auf portugiesischer Basis.

Die Sprache entwickelte sich aus der gesprochenen lateinischen Sprache, dem Vulgärlatein. Römische Soldaten und Siedler hatten sie seit dem 3. Jahrhundert v. Chr. in die spätere Provinz Lusitania gebracht. 90 % des portugiesischen Wortschatzes stammt vom Lateinischen ab. Dazu kommen Lehnwörter gotischer und suebischer Herkunft (Germanische Invasionen im 5. Jahrhundert n. Chr.). Aus der Zeit der Mauren (ab 8. Jahrhundert n. Chr.) blieben Ortsnamen (z. B. Fatima) und Begriffe aus den Bereichen Ernährung und Landwirtschaft, in denen die Araber Neuerungen einführten.

Im 16. Jahrhundert war Portugiesisch die „Lingua Franca" in Asien und Afrika. Es wurde in Handel und Kommunikation zwischen den einheimischen Machthabern und den Europäern aller Nationalitäten benutzt. So sprachen die Könige auf Ceylon (Sri Lanka) fließend portugiesisch.
Wegen der starken missionarischen Aktivitäten wurde in Afrika, Asien und Amerika das Portugiesische auch „Cristão" (christlich) genannt. Noch heute gibt es in Malaysia eine Creolsprache namens Cristão oder Papia Kristang.

Die Gemeinschaft Lusophoner (portugiesischsprachiger) Länder CPLP ist eine internationale Organisation von acht unabhängigen Staaten, deren Amtssprache portugiesisch ist.

Aspey, Albert: Por este Caminho. Origem e Progresso do Metodismo em Portugal no Século XIX; Porto 1971

Cardoso, Manuel P.: Por Vilas e Cidades. Notas para a história do Protestantismo em Portugal; Lisboa 1998

Duarte, Manuel Dias: Historia de Portucalia. Uma Historia de Portugal no Feminino; Vila Nova de Gaia 2004

Fernandes, Ferreira: Madeirenses Errantes; Lisboa 2004

Festschrift zum 100-jährigen Jubiläum der Deutschen Evangelischen Kirchengemeinde zu Porto, 1901–2001; Hrsg.: Deutsche Evangelische Kirchengemeinde zu Porto; Porto 2001

Gennrich, Paul-Wilhelm: Evangelium und Deutschtum in Portugal. Geschichte der Deutschen Evangelischen Gemeinde in Lissabon; Berlin 1936

Dito: Geschichte der evangelischen Gemeinde deutscher Sprache zu Lissabon; Bad Rappenau 1978

Gensch, Hans Gerhard: Ernte in den Dünen. Report über ein christliches Experiment an der portugiesischen Atlantikküste; Konstanz 1980

Kühl-Martini, Dorothea: Beffchen, Weihrauch und Visionen. Was Katholiken und Protestanten voneinander lernen können; Stuttgart 2000

Rosenthal, Gisela: Lissabon. Reiseführer für Frauen; Bühl-Moos 1993

Meco, Jose; Marggraf, Rainer: Fliesenkultur in Portugal; Bramsche 1989

Saramago, José: Viagem a Portugal; Lisboa 1996

Strasen, E.A./Gandara, Alfredo: Oito Seculos de Historia Luso-Alema; Berlin 1944

Testa, Michael P.: O Apóstolo da Madeira (Dr. Robert Reid Kalley); Lisboa 1963

Die Fotos stammen von der Autorin mit Ausnahme von S. 112 (Torsten Seidel), S. 141 (Dr. Sebastian Kühl) und S. 182 (Ingrid Meurer).